KRAV MAGA 新版
クラヴマガ

世界が選んだ実戦護身術

クラヴマガ・ジャパン 編

三交社

万が一のときにでも素早く、また無駄なく、
自分の身を護り、反撃できるよう、
心身ともに育み、鍛えていくこと。

「自己の存在価値」を認識すること。

人種や宗教を問わず、すべての人々の心を結び合い、
世界中から暴力を消し去るように精進すること。

イミ・リヒテンフェルド
(クラヴマガ創始者)

はじめに

いま偶然、本書を手に取ってくださったあなたにとって、「クラヴマガ」は聞き慣れない言葉かもしれません。ヘブライ語で「接近戦闘術」を意味するもので、戦火の絶えない**イスラエルで生まれた戦闘術**です。

実際に、IDF（イスラエルの国防軍）や世界各国の警察、あるいはアメリカのネイビーシールズ（海軍の特殊部隊）、FBIの人質救出チーム（HRT）のほか、ロサンゼルス市警（LAPD）の特殊部隊や、SWAT、シークレットサービスなど、**世界有数の対テロ特殊部隊や情報機関で相次いで公式採用**されてきました。

実戦重視の接近戦闘術として世界で認められ、軍・警察関係者、格闘技関係者の間で、非常に高い評価を得ています。

クラヴマガは、生死のかかった状況で必ず生還するための軍式護身術として発展してきたものですが、指導者が軍、警察、一般人かによって、カリキュラムを完全に分けています。そのため、**一般の男性・女性であっても取り組める、実戦的な護身術として広く認知される**とともに、**筋力トレーニングやエクササイズ**にも向いていることが知られています。

ジムのトレーニングで、楽しく身を護るためのテクニックを習得できるのはもちろん、全身の筋力をアップさせると同時に脂肪を燃焼させ、激しい動きに耐えるスタミナをつけ、反射神経を向上させる効果が期待できるのです。

また、クラヴマガはメンタル面のトレーニングとしても非常に優れています。パンチや膝蹴りといった打撃の要素はストレス解消になり、また各種テクニックの合理性・効率性を理解して、ストレストレーニングをこなすことで心身ともに鍛えられるでしょう。

そして、やがて**日々の仕事や生活の苦境を乗り越えるだけの精神力と自信がつき、明るく前向きに過ごすことができる**よう

世界が選んだ実戦護身術　クラヴマガ

INTRODUCTION

になるはずです。クラヴマガには護身術を習得するだけでなく、こうした側面もあることに注目していただければと思います。

"護身" という観点からいえば、ほかの武術や格闘技でも高いレベルで身を守ることは可能でしょう。しかし、クラヴマガが武術や格闘技と異なるのは、**最短期間で効果的な護身テクニックが身につく**ことです。

もちろん、対処の難しい状況を想定した上級レベルのテクニックを習得するには、より長い時間をかけたトレーニングが必要です。それでも、短期間の練習で確実に効果を得られるようにプログラムが考案されており、「このテクニックを習得した」ということがたちまち実感できます。楽しさ・面白さをすぐに感じとることができるでしょう。

極端なことをいえば、たった1回のトレーニングを受けただけでも、そこで覚えた護身原理とテクニックを使って、その日から自らの身を護ることができます。万一の際、体がどう動くべきか覚えているように設定されているからです。

このようなクラヴマガの特長は、**現代社会のニーズにかなったもの**ともいえます。近年は日本国内でさえ、街灯のない夜道を一人で歩くのは（特に女性には）すすめられません。かつて地域社会にあった相互監視の目が薄れるとともに、近隣の人々や他人への関心が極端に薄まっています。最近の事件報道を見てもわかるように、今後、さらに凶悪犯罪はどんどん増えていくものと思われます。

そして、旅行や仕事で海外に長期滞在することが珍しくなくなり、同時に国内では、外国からの旅行者や滞在者がどんどん増えています。これからは、日本の市民一人ひとりが「自分の身は自分で護る」といった危機意識をより強く持ったほうがいいでしょう。

前述のように、クラヴマガは戦火の絶えないイスラエルで生まれた超実戦型の護身術です。現在ではイラク、ソマリア、アフガニスタンなど、生死と向かい合わせの戦地の実戦で使用され、そのテクニックや精神トレーニングの効果は証明されてい

ます。

　軍人や自衛隊員、警察官、ボディガードのようなプロフェッショナル（危険な状況に自ら突入していく人）ではない一般の市民であっても、いざというときのために、ぜひクラヴマガに興味を持っていただければと思います。

　警察官が不測の事態に備えて拳銃を所持し、撃ち方を訓練するように、あるいは安全といわれる飛行機を操縦するパイロットがまず起こらない惨事に備えて脱出方法を覚えるように、**楽しく安全に自信を持って生きていくためにとても有効なもの —— それが、クラヴマガ**です。

　本書を傍らにクラヴマガの知識を深め、さらに公式のクラヴマガ・トレーニングセンターで、ぜひ実際のトレーニングを体験してみてはいかがでしょう。

　人それぞれの平和を守るために、まず自分の身を護る術を知ること。そして、日々の暮らしを家族や他人に優しく過ごせるように、本書を通して心とカラダに自信をつけていただけたら幸いです。

クラヴマガ・ジャパン

CONTENTS

新版クラヴマガ──世界が選んだ実戦護身術◎目次

はじめに　3

世界が選んだ実戦護身術クラヴマガとは?　16
毎日の暮らしを輝かせるクラヴマガ・マインド　20
本書の構成と使い方　24
クラヴマガ用語集　26

イエローベルト　31
イエローベルトで習得すること　33

▮ファンダメンタルズ
3つの基本スタンス
（ニュートラルスタンス／パッシヴスタンス／ファイティングスタンス）　34
ファイティングスタンスでの動き　36

▮コンバティヴ
パンチの基本と注意　38
左ストレートパンチ　39
右ストレートパンチ　40
パームヒールストライク（掌底）　41
アイストライク（目突き）　42
前進しながらのストレートパンチ　43
後退しながらのストレートパンチ　44
ローへのストレートパンチ　45
前へのハンマーフィストパンチ　46
横へのハンマーフィストパンチ　47
高い位置への水平肘打ち（エルボー①）48

横への肘打ち（エルボー②）49
後ろへの水平肘打ち（エルボー③） 50
後ろ下へのタテの肘打ち（エルボー④） 51
後ろへのタテの肘打ち（エルボー⑤） 52
前へ打ち上げるタテの肘打ち（エルボー⑥） 53
前へ打ち下ろすタテの肘打ち（エルボー⑦） 54
フロントキック（股間蹴り） 55
オフェンシヴフロントキック 56
ディフェンシヴフロントキック 57
ラウンドキック 58
ニーストライク（膝蹴り） 59
ラウンド・ニーストライク 60
フロントキック-ストレートパンチのコンビネーション 61

◤ディフェンス

360度ディフェンス（アウトサイド・ディフェンス） 62
ストレートパンチに対するインサイドディフェンス 63
ローへのストレートパンチに対するインサイドディフェンス 64
連続するパンチに対するディフェンス 66

◤セルフディフェンス

正面からの首絞めに対するディフェンス（両手でのプラック） 68
正面からの首絞めに対するディフェンス（片手でのプラック） 70
横からの首絞めに対するディフェンス 71
後ろからの首絞めに対するディフェンス 72
正面から押されながらの首絞めに対するディフェンス 74
後ろから押されながらの首絞めに対するディフェンス 76
横からのヘッドロックに対するディフェンス 78

◤ソフトテクニック

同じ側の手のリストリリース（エルボー・トゥ・エルボー） 80
逆側の手のリストリリース（ヒッチハイク・アウト） 81
高い位置での両手のリストリリース 82
低い位置での両手のリストリリース 83
両手で片方の手首をつかまれたときのリストリリース 84

〔レベルアップコラム〕限られた練習量で多くの問題を解決するには？　85

▶フォール
バックフォールブレイク　86
サイドフォールブレイク　87

▶グラウンドファイティング
バックポジション（基本形）　88
バックポジション（グラウンドでの動き方）　89
サイドポジション（基本形）　90
サイドポジション（グラウンドでの動き方）　91
グラウンドからのフロントキック　92
グラウンドからのラウンドキック　93
グラウンドからのサイドキック　94
立ち上がり方　95

オレンジベルト　97
オレンジベルトで習得すること　98

▶コンバティヴ
ボビングとウィービングスリッピング　100
スリッピング　101
フックパンチ　102
アッパーカットパンチ　103
左-右-左フックのコンビネーション　104
左-右-左フック-右アッパーのコンビネーション　105
左-右-ボビング-右のコンビネーション　106
左パンチ-右エルボーのコンビネーション　107
左-右-左フック-右エルボーのコンビネーション　108
右アッパーカット-左フック-右クロスのコンビネーション　109
サイドキック　110
前進しながらのサイドキック　111

バックキック　112

アッパーカット・バックキック（ショート）　113

前進しながらのフロントキック（ニュートラルスタンスから）　114

サイドキック（またはバックキック）からハンマーフィストのコンビネーション　115

▼ディフェンス

右パンチに対するインサイドディフェンスから反撃（1つのパンチによる反撃）　116

右パンチに対するインサイドディフェンスから反撃（2つのパンチによる反撃）　117

左パンチに対するインサイドディフェンスから反撃（1つのパンチによる反撃）　118

左パンチに対するインサイドディフェンスから反撃（左手を使うパターン）　119

フックパンチに対するディフェンス（エクステンデッド）　120

フックパンチに対するディフェンス（カバーリング）　121

アッパーカットパンチに対するディフェンス　122

360度ディフェンスからの反撃　123

フロントキックに対する反射的なディフェンス　124

フロントキックに対するアウトサイドのスタビングディフェンス　125

ローからミドルのフロントキックに対するプラッキングディフェンス　126

ハイ・フロントキックに対するインサイドディフェンス　127

ロー・ラウンドキックに対するディフェンス（脛受け）　128

ロー・ラウンドキックに対するディフェンス（腿受け）　129

股間を狙ったフロントキックに対するディフェンス（脛でのリダイレクト）　130

フロントキックに対するディフェンス（ストップキック）　131

▼セルフディフェンス

壁際で正面から首絞めされたときのディフェンス　132

壁際で後ろから首絞めされたときのディフェンス　133

後ろから引かれながらの首絞めに対するディフェンス　134

後ろからのヘッドロック（パーアームに対するディフェンス）　136

後ろからのヘッドロック（頸動脈締めに対するディフェンス）　138

正面からベアハッグに対する両手が使えるときのディフェンス（基本）　140

正面からのベアハッグに対する両手が使えるときのディフェンス（首へのテコ）　141

正面からのベアハッグに対する両腕を抱え込まれたときのディフェンス
　　（スペースがある場合）　142

正面からのベアハッグに対する両腕を抱え込まれたときのディフェンス
　　（スペースがない場合）　143

後ろからのベアハッグに対する両手が使えるときのディフェンス　144

後ろからのベアハッグに対する両腕を抱え込まれたときのディフェンス　146

▶グラウンドファイティング

マウントからのパンチに対するディフェンス（腰での跳ね上げ）　148
フルマウントに対するトラップ・アンド・ロール　150
マウントからの首絞めに対するディフェンス　152
マウントでのヘッドロックに対するディフェンス　154
ボトムポジションからのシュリンプによるエスケープ　156
マウント:トップポジション　158
相手の腕を胸に押しつけておいての跳ね起き　160
ボトムポジション（ガードからのキックオフ）　161
フットグラブに対するディフェンス（ストリッピング）　162
フットグラブに対するディフェンス（ラウンドキックを使った外向きのスピン）　163
フットグラブに対するディフェンス（ヒールキックを使った内向きのスピン）　164

グリーンベルト　165

グリーンベルトで習得すること　166

▶コンバティヴ

フォワード・ヘッドバット　168
上へのヘッドバット　169
横へのヘッドバット　170
後ろへのヘッドバット　171
スピンを使った防御的なバックキック　172
ヒールキック　173
インサイド・スラップキック　174
アウトサイド・スラップキック　175
インサイド・ニー　176

〔レベルアップコラム〕恐怖心に打ち克つためのトレーニングとは?　177

▶ディフェンス

左-右のコンビネーションに対するインサイドディフェンス

（2つのインサイドディフェンス）　178
左-右のコンビネーションに対するインサイドディフェンス（片手）　179
オフアングルからの攻撃に対するアウトサイドディフェンス　180
右パンチに対するアウトサイドディフェンス（パンチによるディフェンス）　183
ハイ・ラウンドキックに対するディフェンス（反射的なディフェンス）　184
ハイ・ラウンドキックに対するディフェンス（ファイティングスタンスからの2点受け）　185
ハイ・ラウンドキックに対するディフェンス（ファイティングスタンスからの3点受け）　186
ハイ・ラウンドキックに対するディフェンス（頭部・肋骨のカバーリング・ディフェンス）　187

フォール・アンド・ロール

フォワード・ロール　188
フォワード・ロールからのバック・フォールブレーク（高速バージョン）　190
バックワードロール　191

セルフディフェンス

スタンディング・リバースヘッドロック（ギロチンチョーク）　192
前からのヘアグラブに対するディフェンス（基本形）　194
前または横からのヘアグラブに対するディフェンス（膝蹴りが予測される場合）　195
横からのヘアグラブに対するディフェンス　196
横または後ろからの後頭部や反対側の側頭部へのヘアグラブに対する
ディフェンス　197
後ろからのベアハッグに対するディフェンス（指へのテコ）　198
後ろからのベアハッグに対するディフェンス（持ち上げられた場合のディフェンス）　200
正面からのベアハッグに対するディフェンス（持ち上げられた場合のディフェンス）　201

グラウンドファイティング

ガードからのアームバー　202
ガードからのリバース（シットアップ・アンド・スイープ）　204
グラウンドで横から首絞めされたときのディフェンス　206
グラウンドで横からヘッドロックされたときのディフェンス（基本ポジジョン）　208
グラウンドで横からヘッドロックされたときのディフェンス
（相手が体重を前にかけてきたとき:レッグラップ）　209
グラウンドで横からヘッドロックされたときのディフェンス
（アタッカーが体重を前にかけてきたとき:スペースがある場合）　210
グラウンドで横からヘッドロックされたときのディフェンス
（アタッカーが後ろに体重を前にかけてきたとき）　211

ガードからのエスケープ（スタッキング）　212
サイドマウント（基本ポジション）　214
サイドマウントからアームロック　215
サイドマウントからの打撃　216
サイドマウントからフルマウントへの移行　218
サイドマウントをほどく（ニー・トゥ・ベリー）　219

ブルーベルト　221

ブルーベルトで習得すること　222

▶コンバティヴ

インサイドチョップ　224
アウトサイドチョップ　225
マウス・オヴ・ハンド　226
アックスキック　227
スピニング・アウトサイド・スラップキック　228
スピニング・ヒールキック　230
フォワードキックによるスイープ　232
ヒールキックによるスイープ　233

▶ディフェンス

ミドルからのハイキックに対する一般的なディフェンス　234
ハイ・ラウンドキックに対するスライディングディフェンス　235
ローからミドルのサイドキックに対するプラッキングディフェンス　236
スピニング・ヒールキックに対するスライディングディフェンス　237
スピニング・ヒールキックに対するディフェンス　238

▶スティックディフェンス

オーバーヘッドスイングに対するスティックディフェンス　239
オフアングルまたはデッドサイドからの
オーバーヘッドスイングに対するスティックディフェンス　242
ベースボールバットスイング（水平のスイング）に対するスティックディフェンス　244

▮ナイフディフェンス

遠い間合いからのナイフ攻撃に対するキックディフェンス　246
ストレートスタブに対するキックディフェンス（ベイルアウト）　247

▮ガンディフェンス

正面からの銃に対するディフェンス　248
側頭部への銃に対するディフェンス　252
横からの銃に対するディフェンス（銃が自分の腕の後ろにある場合）　254
横からの銃に対するディフェンス（銃が自分の腕の前にあって触れている場合）　256
正面からの銃に対するディフェンス（腹に銃を押しつけられた場合）　259
後ろからの銃に対するディフェンス（銃が体に触れている場合）　260

▮キャヴァリエ

キャヴァリエ①　263
キャヴァリエ②　264
キャヴァリエ③　265
キャヴァリエ④　266

▮グラウンドファイティング

ガードの中の相手への首絞め攻撃　267
トライアングルチョーク　268
ガードのボトムポジション（ギロチンによる攻撃）　269
ガードのボトムポジション（ギロチンに対するディフェンス）　270
ガードでの後ろからのヘッドロック　272
後ろからのヘッドロックに対するディフェンス　273

▮テイクダウン

テイクダウン①（シンプル・テイクダウン）　274
テイクダウン②（ダブルレッグ・テイクダウン）　275
テイクダウン③（トー・ピック）276

ブラウンベルト　277

ブラウンベルトで習得すること　278

▶コンバティヴ

左ジャブ-右オーバーハンドのコンビネーション　281
スイッチを使ったフロントキック-ラウンドキックのコンビネーション　282
スイッチを使ったフロントキックの2段蹴り　283
スイッチを使ったアウトサイド・スラップキック-フロントキックのコンビネーション　284
スイッチを使ったストレートニーの連続蹴り　285

▶スロー

マシンガン・テイクダウン　286
ワンアーム・ショルダースロー　288
ヒップスロー　289

▶セルフディフェンス

横からのヘッドロックに対するディフェンス（内側にひねられた場合）　290
横からのヘッドロックに対するディフェンス（ネックブレイク）　292
後ろからのヘッドロックに対するディフェンス　293
フルネルソンに対するディフェンス（指へのテコ）　294
フルネルソンに対するディフェンス（前への投げ）　296
フルネルソンに対するディフェンス（スイープ）　298

▶ナイフディフェンス

下向きのスタブ（アイスピックスタブ）に対するナイフディフェンス　300
上向きのスタブに対するナイフディフェンス　303
ストレートスタブに対するナイフディフェンス　306
ストレートスタブに対するナイフディフェンス（ライヴサイド）　308
前へのスラッシュに対するナイフディフェンス　310
バックハンドのスラッシュに対するナイフディフェンス　312

〔レベルアップコラム〕トレーニングでテクニックの応用を身につけよう　314

▶ショットガン・突撃銃・軽機関銃のディフェンス

正面からの長銃に対するディフェンス（ライヴサイド）　315
正面からの長銃に対するディフェンス（デッドサイド）：腕の下からの武器奪取　318
横からの長銃に対するディフェンス（銃が自分の腕の後ろにある場合）　322

後ろからの長銃に対するディフェンス（銃が体に触れている場合） 325
ライフルまたは銃剣による突きに対するディフェンス（ライヴサイド） 326
ライフルまたは銃剣による突きに対するディフェンス（デッドサイド） 327

◤ガンディフェンス

拳銃による威嚇に対するディフェンス（銃が後ろにあって離れている場合） 328
拳銃の威嚇に対するディフェンス（両手での「カッピング」） 331

日本のクラヴマガの先駆者故・松元國士について 333

世界が選んだ実戦護身術

クラヴマガとは？

1. クラヴマガの歴史

クラヴマガの創始者イミ・リヒテンフェルドは 1910 年にハンガリーで生まれ、旧チェコスロバキアのブラティスラヴァで育ちました。1928 年にレスリングのスロバキア・ユース選手権で優勝し、翌年には成人部門のウェルター級でチャンピオンに。同年、全国ボクシング選手権と国際体操選手権でも優勝し、以後 10 年間、ヨーロッパのトップレスラーとして君臨しました。

1930 年代、イミは市内の路上で、自分やほかのユダヤ人を地元のファシストから守りながら闘いのスキルを磨いていきました。しかし、家族や地域を守ろうとする彼の闘いは、たちまち地元当局の反感を買うことになり、やむなく 1940 年にその地を離れることになったのです。

その後、何年もの放浪ののち、イスラエルへとたどり着きます。この土地で、イミはユダヤ民族の独立のために闘う民兵組織「ハガナー」に加わり、ほかの兵士に素手での格闘スキルを教えたことから、彼の名声は広まっていきました。

1948 年にイスラエルが独立宣言。イミはできたばかりのイスラエル政府から、効果的な格闘システムの開発を依頼されます。これがのちにクラヴマガのシステムへと発展します。ハガナーはやがてイスラエル国防軍（IDF）に組み込まれ、イミは軍事訓練校の主席指導員として、身体訓練とクラヴマガを教えるようになりました。

イミとイスラエルの歴史は、クラヴマガトレーニングの本質を理解するうえできわめて重要です。イスラエル国家は誕生の瞬間から近隣諸国と戦争状態にありました。兵士の訓練をやり直したり、再教育したりしている余裕はなく、すぐに軍を配備し、最小限の訓練で兵士を戦場に送り出す必要があったのです。そのため闘いのテクニックは学びやすく、ストレス状況下でも——場合によっては相当

16 | Complete Krav Maga

期間の空白があっても——容易に思い出して使えるものでなければなりませんでした。

しかも、IDF は 18 歳の血気盛んな若者から 40 歳の農夫まで、あらゆる年齢・能力の者を兵士として戦場に送り出しており、格闘システムは多種多様な兵士が取り組むことになります。そのためイミが考えたのは、戦闘テクニックのうちの自己防衛の要素を、身体が持つ本能（条件反射）を基礎として構築することでした。

まずストレス状況下での兵士の身体的な反応を観察し、そこで発見した本能的な反応を基礎単位として、自己防衛のシステムを構築していったのです。

1960 年代になると、イミは軍の承認を得て、民間人にクラヴマガを教えるようになりました。

そして、1981 年にはイスラエル・クラヴマガ協会と教育省が共同して、第 1 回の国際インストラクターコースを開講。これに合衆国の各都市の代表 23 名が参加し、そのうちの主要メンバーがアメリカ・クラヴマガ協会を設立。こうして合衆国でクラヴマガが発展することになりました。

1987 年、合衆国の法執行機関にクラヴマガが取り入れられ、各種の法執行機関に急速に広がっていきました。現在、クラヴマガ・ワールドワイドでは、連邦・州・地方自治体レベルの法執行官が数百人、数千人とトレーニングを受けています。

一方、日本では 2002 年、それまでアメリカやヨーロッパ各地、イスラエルなどで指導にあたっていた故松元國士が帰国して、クラヴマガ・ジャパンを設立、クラヴマガの普及活動を開始しました。

2. クラヴマガの原理

クラヴマガは、シンプルで、アグレッシヴで、学びやすく、とっさのときにも思い出しやすい防御と反撃のためのシステムです。そのためトレーニングにおいては、テクニックよりも原理に焦点を絞っています。なぜなら同じ攻撃は二度となく、同じ人間は二人といないからです。実際に、同じ人間がなにかの脅威に直面したとしても、今日と明日では反応が違ってくるはずです。

ここではクラヴマガのエッセンスを理解していただくために、こうした原理をいくつか定義しておきましょう。クラヴマガのシステムを作り上げている原理には、次ページのようなものがあります。

《クラヴマガの原理》

・テクニックは、自然の本能（条件反射）に基づいた動きであるべきである。

・テクニックは、目の前の危険に対処するものでなければならない。

・テクニックは、防御と反撃を同時に行なうものでなければならない。

・1つの防御で多様な攻撃に対処できなければならない。

・ある分野で学んだ動きが別の分野での動きと矛盾するのではなく、
むしろ補うようにシステムを統合するべきである。

・テクニックは、アスリートだけでなく、
ふつうの人でも学べるものでなければならない。

・テクニックは、不利なポジションから使えるものでなければならない。

・トレーニングは、実際の攻撃で経験するのと同じストレスや
緊張を含んだものでなければならない。

　クラヴマガのトレーニングやテクニックの評価は、こうした原理が基準となっています。そして、あるテクニックの弱点を発見したときや、技のバリエーションを考えるときには、このガイドラインを基本に考えます。

　たとえば、あるディフェンスが効果的かどうかを判断するときには、後手を引いたときに有効かどうかを見ます。それが、もし先手をとったときや、あらかじめ準備しているときにしか使えないようなら、もっと別の方法を探っていくことになります。

3. クラヴマガは「武術」ではない

　クラヴマガは伝統的な武術（martial arts）とは異なります。伝統的な武術は型にはまった教義的なものが多く、過去の達人から伝えられてきた伝統を守ることに意識がいきがちです。そして、「術＝art」という言葉が意味するように、動きの優美さや、細部のちょっとした違いばかりが強調されます。

　また、大半の武術体系はスポーツ指向の考え方に傾斜しているので、ルールが確立されており、それが闘いの形を限定してしまっています。総合格闘技のファイターにしてもコントロールされた環境の下で、してよいことといけないことを厳しく制限されたなかで闘っています。

　たしかにこうした制限は、ビギナーがテクニックを練習するうえでは必要でしょう。もしもパートナーが腿に噛みついてきたら三角締めの練習はできないからです。しかし、そうしたストリートファイトの要素を追加していかなければ、それはスポーツの練習であって、セルフディフェンスの練習にはならないのです。

　クラヴマガと武術が違うのは、まさにこの点です。もちろん反復練習やトレーニング方法を考える際には使う技を制限しますが、ジムで再三にわたって指導しているのは、ルールに沿って闘わなくてもいいということです。場合によっては攻撃をやめて逃げたり、武器になるものを見つけて立ち向かったりすることも考えるべきなのです。

　自分はこんなテクニックが使えるぞと、自身や相手に証明することに意味はありません。クラヴマガが目標とするのは、「安全に我が家にたどり着くこと」なのです。

　クラヴマガは、武術の「術」ではなく「武」に力点があります。不格好なこともありますが、目的は必ず達成すること。クラヴマガは「防衛のための戦術システム」です。これは暴力的衝突に対処するための、戦術的であり、しかも論理的に健全なアプローチといえるのです。

毎日の暮らしを輝かせる クラヴマガ・マインド

1. ビジネスを成功に導く

繰り返しになりますが、クラヴマガは武術ではありません。いわば問題解決のためのシステムです。いくつかの基本原理を論理的に当てはめて問題を見つけ出し、解決策を導き出します。「問題＝暴力的な行動を仕掛けてくる暴漢」であることが多いのは確かですが、クラヴマガの問題解決システムは、生活のさまざまなシーンで幅広く応用することができます。

そのうち、もっとも直接的に応用できるのはビジネスシーンです。誰かの下で働いている人も、管理職の人も、クラヴマガの核となる原理には、マットからオフィスにそのまま移せるものが少なくありません。

以下に例を挙げてみましょう。

point 1 │ 差し迫った危険を見抜く

クラヴマガでは、差し迫った脅威に対して、どんな対応をすればいいのかを追求します。この方法を身につければ、現実の問題を見抜く習慣がつき、枝葉のことに惑わされなくなります。これをビジネスに置き換えてみましょう。

何か問題が大きくなるのは、それに正面から対処せずに、周辺のことにこだわっていることが多いものです。クラヴマガはその性質上、こうした先延ばしをしません。「本当の危険は何か？」を自分自身に問いかけることが、問題の全体を見ること、さらには問題の根源を発見することの訓練になります。

point 2 │ ストレス状況で機能する

ストレスをいかに処理するかを考えるとき、ただ「愚痴を言わない」とか「対

処する」などという方法では問題解決になりません。また、ストレスマネジメントのセミナーに参加するだけでストレスに立ち向かえというのは、出血の治まらない患者に包帯を渡すようなものです。それよりも、切り傷を作らない方法を教える方が実戦で役立ちます。

クラヴマガはストレス状況下での動き方を教えるだけではなく、ストレス状況下にあるときこそ威力を発揮するテクニックが大半です。問題解決へのこのアプローチは、たとえば何かのシステムを開発するときに活かせます。システム開発は、まずストレスとなる問題があり、それを解決すべく合理化を進めて、物事の動きが効率化・高速化するものにしなければいけません。これをＦ１レースにたとえると、レーシングカーのウィングのようなものです。速度が上がればその分だけダウンフォースが強くなり、車が地面に押しつけられてさらに速く走ることができる——そのようなビジネスモデルを考えることに似ています。

point 3 別の危険との置き換えはしない

クラヴマガはシンプルな対応で、差し迫った脅威を除去することに力点を置いていますが、それによってまた新たな危険にさらされたのでは意味がありません。クラヴマガの問題解決プロセスは、攻撃に効率よく反応しつつ、ポジションの改善をめざすものです。

どのような場面でも、問題の解決に当たっては「よく見てから飛び込む」という姿勢が大切ですが、いま考えている動きをしてみたら、その結果どうなるかを予想して動くことは、そのままビジネスの世界で活かすことができるでしょう。

point 4 必ず防御と同時に反撃する

クラヴマガが大切にすることは「防御から攻撃への気持ちの切り替え」ですが、何も過剰に攻撃的になれというわけではありません。しかし、戦士が持つ「やればできる」というスピリットは持っていたいものです。いざという時に行動の遅れは許されません。適切で計算された反応を素早く行なうことが重要です。

そのため、クラヴマガのトレーニングでは、問題に正面から立ち向かう勇気を養います。この姿勢があればビジネスの世界でも、同じように危険を察知した際にすぐに対応できるようになるでしょう。

以上のように、テクニックはアスリートだけでなく、つねにシンプルで一般の

人が使えるものでなければなりません。ビジネスの世界でも、やはり何かのシステムを導入するなら、わかりやすいものにするべきです。必要となる知識やスキルは専門的なものであっても、全体のシステムは単純にしておくことが重要です。システムが複雑になれば、特にストレスがかかる状況下では、誰かが必ず間違いを犯しがちだからです。

2. シンプルな習慣や思考法を日常生活に生かす

クラヴマガのトレーニングは、日々の習慣や思考法を、シンプルかつ効率化させることに役立ちます。日常生活で活かせるものには、さらに以下のような要素が挙げられます。

point 1 | 障害を克服する

口論の場面は、単に言い争っているように見えますが、実際には2通りの闘いが繰り広げられています。それは、相手との闘いと、自分との闘いです。ストレスがかかり、疲れもたまり、痛みを覚えるようになると、多くの人はもう終わりにしたいと感じるようになります。しかし、先にも触れたように、クラヴマガのトレーニングには、障害を克服して、疲れていてもやり続けるタイプの訓練が数多く含まれています。クラヴマガのトレーニングなら、そうした障害をさまざまな方法で克服して、掲げた目標を達成する習慣を身につけることができます。

point 2 | 目配りのトレーニング

自己防衛の重要な要素は、可能なかぎりトラブルを避けることです。そのためには、つねに潜在的な危険を警戒しておく必要があります。かといって、たとえば毎朝電車に乗るのを怖がっていては、おちおち会社へも行けなくなってしまいます。

ですからクラヴマガでは、普段の行動を妨げずに危険を察知するようなシンプルな習慣を教えています。こうした習慣をビジネスに応用すれば、潜在的な問題に目を配りつつ、それが目標達成の邪魔にならないよう対処できるようにもなります。

目配りには、周辺視野の拡大や姿勢の改善といった肉体面のものと、ちょっとした違いに気づくような心の持ち方など、精神的なものとがあります。

point 3 システムとしての効率性

　クラヴマガの思考プロセスは、シンプルさと効率が基本です。できるだけ少ないテクニックで、できるだけ多くの脅威に対処するのがセオリーです。企業も同じように、関わる人や部署が多ければ多いほど、一般に決断に時間を要します。

　クラヴマガのトレーニングでは、ムダを見つけだし、行動や機能を一新して、幅広い分野を効率よくカバーする方法を学ぶことができます。

point 4 知識の伝達

　クラヴマガは単なるテクニックの羅列ではありません。短期間で習得できることと、重要な状況下で作られたことから、いわゆる「知識の伝達」のプロセスが開発されています。そのため多くの情報を素早く、多くの人に伝えることができ、しかも、すぐに高いレベルに達することができるようになります。

　このアプローチは、プレゼンテーションや新規採用者の研修など、そのままビジネスに応用することができるでしょう。

　ここで挙げたのは、効果のごく一部に過ぎません。ほかにも、クラヴマガのトレーニングから学んで実社会に応用できることは数多くあります。

　繰り返しになりますが、クラヴマガはあくまでも実戦的な防御戦術のシステムです。その論理的な問題解決アプローチを深く理解すれば、自然と生活のさまざまなシーンで応用できるようになるでしょう。

本書の構成と使い方

本書の構成について

　本書は、クラヴマガの実際のトレーニングでのベルト方式に合わせて構成しています。トレーニングセンターで色のついた帯を締めることはありませんが、それぞれのレベルを表すのに「イエローベルト」「オレンジベルト」といった用語を使っています。スクールに来ていただければ「レベル1」「レベル2」といった区分けを耳にすることも多いでしょう。以下に、ベルトの色とそれに対応するレベル、重点的に練習する分野を一覧表にしたので、ご参考にどうぞ。詳しくは各ベルトの章のはじめでもご説明します。

5つのベルトと重点的に練習する分野

ベルト	レベル	重点分野
イエロー	1	基礎レベルの打撃、首絞めのディフェンス
オレンジ	2	中級レベルの打撃、ベアハッグ（抱きつき）、入門レベルのグラウンドファイティング、基礎レベルの戦闘スキル
グリーン	3	中級レベルの打撃、中級レベルのグラウンドファイティング、中級レベルの戦闘スキル
ブルー	4	上級レベルの打撃、銃器に対するディフェンス、スティックに対するディフェンス、上級レベルの戦闘スキル、上級レベルのグラウンドファイティング
ブラウン	5	上級レベルの打撃、ナイフに対するディフェンス、長銃（ライフルやマシンガンなど）に対するディフェンス、上級レベルのグラウンドファイティング

　なお、ブラウンベルトの上はブラックベルトで、このレベルになると「第三者を守る」「人質のいる状況」「相手が多人数の場合」などが含まれてきますが、本書に盛り込んだぶんだけでも、路上で遭遇する攻撃のほとんどはカバーできるはずです。

トレーニングは安全に

クラヴマガの練習は必ずパートナーと一緒にやりましょう。そうやって自分のものにするまでは、知識にはなんの意味もありません。それと同時に、練習では、現実性と安全性のバランスをとらなければなりません。「ゆっくり＝スムーズ」「スムーズ＝速さ」と覚えてください。もちろん、積極的で現実的な攻撃を少しでも早く覚えたいという気持ちはわかります。しかし、初めはゆっくり、安全にやった方が早く上達します。

アタッカー役の人は本気で攻撃を仕掛けても、スピードを落とし、力も最小限にすること。たとえば、正面からの首絞めに対するトレーニングをしたければ、パートナーには両手を喉にかけて、優しく締めてもらうようにしましょう。危険を認識できるくらいの圧力を感じる必要はありますが、全力で締めにかかるのは、もっとあとの上級段階にするべきことです。

もし近くに公式のクラヴマガトレーニングセンターがあるのなら、少なくとも何回かはレッスンを受けることを強くおすすめします。テクニックだけでなく、安全なトレーニングで早く上達するための原理を教えてもらえるでしょう。

なお、武器に対する防御のトレーニングの際、以下のような点に注意してください。特に大切なのは、決して本物の武器を使わないことです。トレーニング用の武器にはいろいろなものがあって、拳銃でも、ゴム製のものもあれば、金属製で弾の出ないものもあります。

トレーニング用の武器の扱いについての注意

拳銃：
絶対に引き金に指をかけてはいけません。クラヴマガのテクニックでは、引き金に掛けた指を痛めるものが多いので注意しましょう。

ナイフ：
絶対に目を突いてはいけません。突くときは必ず胸か首にすること。ディフェンスに失敗した場合、ゴム製のナイフでも目を痛めてしまうことがあります。

スティック：
初めてトレーニングするときには、パッドの入ったスティックを使うこと。木製や合金製のスティックに進むときにも、まずはテクニックを正確に使えるように、ゆっくりと練習することが大切です。

クラヴマガ用語集

　クラヴマガでよく登場する用語をまとめました。トレーニングを効率よく行なうためには、用語の理解が不可欠です。本文でも、説明していきますが、よくわからなくなった場合の辞書としてお使いください。

	用　語	意　味
ア	アウトサイドアーム（レッグ）	相手から遠い方の腕（または足）のこと。「アウトサイドヒップ」「アウトサイドフット」などという使い方も。
	アウトサイドディフェンス	方向をそらしたり、動きを止めたりするディフェンスのうち、腕や足を体の中心から外へ向かって動かすもの。
	アタッカー	攻撃する側の人間。
	インサイドアーム（レッグ）	相手に近い方の腕（または足）のこと。「インサイドヒップ」「インサイドフット」などという使い方も。
	インサイドディフェンス	方向をそらしたり動きを止めたりするディフェンスのうち、腕や足を体の中心に向かって動かすもの。
	ウィービング	頭や上体を上下左右に動かし、相手の攻撃をかいくぐるようにかわすディフェンス方法。
	エルボー（肘打ち）	肘を鋭角に曲げ、相手の顔面や喉、肋骨や胃などに打ち込む攻撃方法。至近距離でも大きな威力を発揮する。
	オフアングル	自分のライヴサイドから大きく離れた角度に相手がいる状態。
	デッドサイド	自分から見て、攻撃を出しにくい方のサイド。左足を前に出したファイティングスタンスなら、左側がデッドサイド。
カ	ガードポジション	グラウンドファイティングで仰向けになった下の人が、上の人の胴体を両足で挟み込み、ある程度コントロールしている状態のこと（ガードで下になっている人から見た状態）。
	キャヴァリエ（キャップ）	リストロック（手首固め）のこと（クラヴマガ創始者のイミ・リヒテンフェルドが、リストロックをこう呼んでいたことに由来）。
	グラウンドファイティング	相手を倒しまたは相手に倒された状態における、打撃および寝技の戦い（攻防）のこと。

	用 語	意 味
カ	グラップリング	寝技もしくは組み技のこと。
	コンバティヴ （戦闘テクニック）	「パンチ」「キック」「エルボー」「膝蹴り」など、攻撃的な技全般を指す。ただし、これら自分の身を守ったり、脅威を除去したりするのにも用いるため、クラヴマガでは、ファイティングとセルフディフェンス（護身）の両方に使える〝弾道テクニック〟として学ぶ。
	グリップ	握ること。または握っている部分。
	クロス	ストレートパンチの種類で、ファイティングスタンスから後ろの手で打つもの。
	サイドポジション	上の者が下の者の胴体を横から抑え込んでいるマウント状態のこと。柔道の横四方固めの体勢。
サ	ジャブ	ストレートパンチの種類で、ファイティングスタンスから前の手で打つもの。スポーツ格闘技では有効だが、実際の戦いでは効果が薄い。
	シュリンプ	エビのように体を丸めながら、相手から腰や脚を引き抜く動作。相手にマウントポジション（馬乗り）を取られたときの脱出方法として用いる。
	掌底（パームヒール）	手のひらの手首側下部の肉厚な部分。おもに相手と接近している状態で、頭や顔面に対して「掌底打ち」を行なう。
	スイッチ	体勢や技の前後左右を切り替えること。
	スタブ（スタビング）	突き刺すような動きのこと。もしくはナイフなどで突き刺すこと。
	ストッピング	相手の攻撃を止めることを目的とした動作のこと。
	ストライク	打撃のこと。
	ストンピング	倒れている相手を足で踏みつけること。
	スラッシュ	ナイフなどで切り裂くように攻撃してくること。
	スラップキック	足や足首で、横にはたくように行なうキックのこと。
	スリッピング	おもにストレートパンチやアッパーナットを避ける技術。左パンチなら自分から見て右側に頭や体を少しだけ動かして避ける。

	用　語	意　味
サ	スロー	投げ技のこと。
	セルフディフェンス	護身。その中でもクラヴマガでは、特に首絞めやベアハッグ、ヘッドロックなどのホールド技（絞め技や組み技）に対する防御を意味することが多い。
	ソフトテクニック	与えるダメージの少ない防御テクニックのこと。無駄な戦闘を避け、潜在的な危険から逃れるために用いる。
タ	チョーク	「首絞め」のこと。基本的なホールド技の一つ。
	テイクダウン	相手をグラウンドに倒すこと（有効な技術だが、同時に自分もグラウンド状態になるため、複数人を相手にする場合は積極的に使わない）。
	ディフェンダー	攻撃を受けている側の人間。
	トラップ	クラヴマガでは、「捕まえる」のニュアンスを込めた用語として使うことが多い。
ナ	ナックル	一般には拳のことだが、クラヴマガでは、なかでも人差し指と中指の部分を指すことが多い。
	ニュートラルスタンス	自然体、準備できていない姿勢（無防備）なスタンスのこと。クラヴマガでは、この状態から攻撃を受けた場合でも対処できるようにトレーニングする。
ハ	バーアーム	前腕部を首に回して喉を潰す攻撃のこと。
	バースト	足を使った瞬間的な動きのこと。前進して、相手の懐に一気に飛び込む動作を指すことが多い。
	バックワード	後ろ向き。
	パッシヴスタンス	ニュートラルスタンスとファイティングスタンスの中間の構えで、相手から攻撃を受ける可能性があるときにとるスタンスのこと。
	ハンマーフィストパンチ	拳を握った状態で、小指側の肉のついている部分で打つパンチのこと（拳の部分＝ハンマーのヘッド、前腕＝柄）。遠心力を使うパンチで、特に横や後方の敵に威力を発揮する。
	ヒールキック	踵で蹴るキックのこと。
	ファイティングスタンス	相手と対峙し、戦いを避けられないときに、最初に構えるスタンスのこと。

	用 語	意 味
ハ	フォールブレイク	倒れる際の受け身のこと。
	プラック	自分の手をL字にして、相手の手や足を引き剥がすこと（通常、本能的に両手で行なうが、体勢によっては片手でも行なう）。
	フルネルソン	背後から相手の左右の脇の下から両腕を差し込み、首の後ろで手を組み合わせて行なう締め技。
	フロントキック	前蹴りのこと。
	ヘアグラブ	髪をつかむこと。
	ベアハッグ	両腕で相手の胴回りや胸回りを抱き込むこと（前後は問わない）。そのまま、持ち上げて連れ去ったり、投げるなどの動きに続く。
	ベイルアウト	相手の攻撃してくるラインの外に移動（脱出）すること。
	ベース	支えや土台のこと。「ベースフット」は軸足を指す。
	ボビング	上体を上下や左右に振って、相手のパンチなどをかわすこと。
	ホールド	締め技もしくは組み技のこと。
マ	マウント	グラウンドファイティングで相手に馬乗りになること。
	マウントポジション	マウント状態で、上の者が下の者の胴体に正対している場合のこと。柔道の縦四方固めの体勢に似ている。
ラ	ライヴサイド	自分から見て、攻撃を出しやすい方のサイド。左足を前に出したファイティングスタンスなら、右側がライヴサイド。
	ラウンド	円の動きのこと。「ラウンドキック」は回し蹴りのこと。
	リダイレクト	相手のパンチやキックの軌道を自分の前腕部を使ってそらし、受け流すこと。相手の攻撃を意図した標的からそらすディフェンステクニック。
	レッグラップ	相手に足を巻きつけること。
	ロール	回転する動きのこと。

Yellow Belt

イエローベルトで習得すること

-このベルトの到達目標-
●基本的な打撃、護身のための動きを身につける。

-おもなトレーニング内容-
●構え（ファイティングスタンス、パッシヴスタンス）
●パンチ（基本）、キック（基本）、倒れた状態でのキック、肘打ち（エルボー）、膝蹴り（ニーアタック）などの基本的な打撃を習得する。
●パンチに対するディフェンス（基礎）、首絞め、ヘッドロック、手首を掴まれた状態などに対する護身など。

-トレーニング期間の目安-
●週2～3回のペースで参加した場合、おおよそ3～4カ月でイエローベルトテストの受験資格を得ることができる。

トレーニングガイド

イエローベルトで学ぶのは、基本的な打撃技のほか、ストレートパンチや肘打ちなど、ストリートファイトで必ず使われるものばかりです。さらにこのレベルのテクニックは、爆発的な動き、本能に基づいた反応、防御と同時の反撃など、クラヴマガの原理を明解に示すものとなっています。おもなトレーニング内容には、次のようなものがあります。

①コンバティヴ

クラヴマガにおける「コンバティヴ」（P38～61）は〈ファイティングとセルフディフェンス（自己防御・護身）の両方に使える弾道テクニック〉と定義しています。テクニックとしてはパンチ、キック、肘打ち、膝蹴りなどがありますが、噛みつき、引っ掻きといった動きもファイティングのためのツールと考えていいでしょう。セルフディフェンスに不可欠な要素でもあるので、ファイティングには興味がないという人でも、基本的なコンバティヴは学んでおくべきです。

危険に対処するのがクラヴマガの護身テクニックですが、コンバティヴは、その危険から生じる脅威を除去するうえで必要不可欠です。ここで紹介するコンバ

ティヴは、**相手に十分なダメージを与えて脅威を取り除き、比較的安全な状態を維持する**のが目的です。

②防御テクニックとセルフディフェンス

　クラヴマガでは「セルフディフェンス」（P68 ～ 79）をシンプルな言葉で定義しています。すなわち、相手は不意を突いて全力で攻撃してくるので、こちらは不利なポジションから差し迫った脅威に対応しなければならないことが少なくありません。

　クラヴマガでは、いくつかの判断基準に従って防御テクニックを検証・理解しています。すべてのテクニックは次のような条件を満たしていなければなりません。

−防御テクニックを満たすための条件−

- ・自然な本能ないし反応に基づいていること。
- ・どんな体力、体格の人でも使えるシンプルなものであること。
- ・不利なポジションや準備不足の状態からでも使えること。
- ・差し迫った危険に対処できること。
- ・同時（またはほぼ同時）に反撃して次の攻撃を無力化できること。
- ・多様な展開をカバーできる総合的なものであること。

---

③ソフトテクニック

　ときにはダメージの少ないテクニックで対応した方が適切な状況があります。たとえば、友人がパーティーで酔ってからんできたが害はない場合、またはこちらが急いでいるのに気づかずに手首をつかんできた場合などです。

　こうしたケースのために考えられたのが「ソフトテクニック」（P80 ～ 84）で、**相手を傷つけずに潜在的な危険から逃れる**ためのものです。

④グラウンドファイティング

　クラヴマガでは、相手がテイクダウンを狙っていなくても、こちらが足を滑らせて倒れてしまい、上に乗られてしまうことを想定しています。

　そこで、このイエローベルトでは「グラウンドファイティング」（P88 ～ 95）として、基本的な寝技のポジショニングと動きを紹介します。

3つの基本スタンス（ニュートラルスタンス／パッシヴスタンス／ファイティングスタンス）

「ニュートラルスタンス（自然な体勢）」は、突然、攻撃を受けたときなどにとる自然体で無防備なスタンスです。一方、「ファイティングスタンス」は相手と対峙し、戦いを避けられないときに、最初に構えるスタンス。その中間の構えが「パッシヴスタンス（受け身の体勢）」で、相手から攻撃を受ける可能性があるときにとります。

ニュートラルスタンス

両足は腰幅か、それよりもやや狭めに開いて立ち、両手は両側に垂らす。

パッシヴスタンス

ニュートラルスタンスから両手を肩の高さまで上げ、相手をなだめるように、手のひらを相手に向ける。

> **ポイント！**
> 路上では、何の準備もなしにコンバティヴ（戦闘）やセルフディフェンス（自己防衛・護身）のテクニックを使わなければならないケースがほとんどです。そのため、コンバティヴやセルフディフェンスの練習をするときも、必ずこのポジションから練習する時間をとるように心がけましょう。

ファイティングスタンス

パッシヴスタンスから、右利きならば左足を楽な幅で一歩前に踏み出す。体重は母指球(親指の付け根部分)に乗せ、つま先は両足とも正面に向ける。ただし、前足はやや内側に向けてバランスをとってもかまわない。

ヒント！ 利き足ではない足を一歩踏み出しますが、そのとき幅が狭過ぎると左右の動きが不安定になります。しかし、広過ぎると股間を蹴られやすくなるので、自分に最適なスタンスを見つけてください。

ポイント！ 相手と対峙した際、最初に構える基本のスタンスです。右利きの人には、左足を一歩前に踏み出す左構えのスタンスを推奨します(左利きの人は右構え。利き腕側を後ろにするということです)。ほとんどの相手は右手で攻撃してきます。それを左手でブロックし、次に最強の武器である右手を使って反撃するためです。両手は緩め、拳を作らないかたちで顎の高さまで上げて、顔から楽な距離に構えます。このとき両肘を内側に入れて、脇が締まるようにしましょう。肩は相手に向かってやや開いておきます(横向きにならないように注意)。

ファイティングスタンスでの動き

クラヴマガは護身術ですが、セルフディフェンスだけでなく、ファイティングスタンスで素早く安全に動く方法も練習しておきましょう。前後左右いずれに動く場合も、片方の足を軸に、押すようにもう一方の足を進め、次に進めた足に軸としていた足を引き寄せて元のスタンス（歩幅）に戻すのが基本原理です。

スターティングポジション

左足を前に出したファイティングスタンスから始める。

前進

右足（後足）の押しで左足を前に進め、次に右足を引きつけて元のファイティングスタンスに戻る。体重は両足の母指球（親指の付け根）に均等にかける。前進するときには、前のめりにならないよう注意。

ポイント！
実際の場面では、裸足ではなく、靴をはいている想定のため、地面から若干浮かせて動きます。ただし、決して跳びはねないこと。基本の動作ができたら、次は斜めの動きも練習しましょう。これは相手の武器の射程距離に入らず（真正面に行かず）に、スムーズに移動するための動きです。

右への移動	左への移動	後退

▼	▼	▼

左足（前足）の押しで右足を右へ移動。次に左足を右足の前に引きつけて、元のファイティングスタンスに戻る。移動中も、両肘はつねに内側に入れて脇を締め、相手に向かってやや開いた姿勢をキープ。	右足（後足）の押しで左足を左に移動。次に右足を左足の後ろに引きつけて元のファイティングスタンスに戻る。移動中も、両肘はつねに内側に入れて脇を締め、相手に向かってやや開いた姿勢をキープ。	左足（前足）の押しで右足を後方に移動。次に左足を引きつけて、元のファイティングスタンスに戻る。移動中も、両肘はつねに内側に入れて脇を締め、相手に向かってやや開いた姿勢をキープ。

パンチの基本と注意

ストレートパンチには、前の手で打つ「ジャブ」と後ろの手で打つ「クロス」がありますが、どちらもパンチの基本原理は同じです。しかし、速くて軽い「ジャブ」は、スポーツ格闘技では有効ですが、コンバティヴでは有効ではありません。

スターティングポジション 左足を前に出したファイティングスタンスから始める。

1

親指以外の4本の指を、小指からゆっくり折り曲げてすき間ができないようにしっかりと巻き込んでいく。慣れるまでは、別の手で補助するといいだろう。このときに拳が緩んでいると、パンチの際、相手にダメージを与える前に自分の指を負傷してしまうことがある。

2

最後に親指で、人差し指と薬指の第一関節の辺りをしっかり押さえる。このとき、絶対に親指を拳の中に握り込んではいけない。握り込むと、しっかりと拳が作れず、パンチを打ったときに親指を痛めてしまう。勘違いしている人が多いので注意。

左ストレートパンチ

相手に近い、前方の拳を前に伸ばすいわゆる「ジャブ」です。距離感がつかみやすく、瞬時にパンチを出すことができます。さらには、スターティングポジションであるファイティングスタンスへ素早く戻ることができます。

スターティングポジション 左足を前に出したファイティングスタンスから始める。

1
スターティングポジションでは、重心は両足の親指の付け根部、母指球にかける。その両足の力を使い、肘をできるだけ下向きに保ちながら、左の拳を前に突き出す。拳が前に出ていくのに合わせて、肩と腰を回してパワーを拳に伝える。

2
人差し指と中指のナックル部分を当てる。拳を45〜90度回転させることでパワーが増幅。このとき手首は真っすぐにしておく。パンチは相手の表面に触れるだけでなく、標的を撃ち抜くように打つことが重要。インパクトの瞬間には、拳に体重を乗せよう。

3
拳に乗せた体重を元のバランスに引き戻すとともに、パンチを放った左手を素早く引きつけて、再びスターティングポジションに戻る。肘はできるだけ下向きに保ちながら、次の動作に向けてタイミングを計る。

右ストレートパンチ

ファイティングスタンスから、後ろの手でパンチを打ち込むいわゆる「クロス」。前の手で打つ「ジャブ」と比べて利き腕であり、より腰の回転が加わることで威力は格段に増します。しかし、パンチの後のディフェンスに注意が必要です。

スターティングポジション 左足を前に出したファイティングスタンスから始める。

1
重心は両足の親指の付け根部、母指球にかける。その両足の力を使い、肘をできるだけ下向きに保ちながら、後ろの手の拳を前に突き出す。拳が出ていくのに合わせて肩と腰を回してパワーを増幅させる。後ろ足の踵は、タバコをもみ消すような感じで返す。

2
人差し指と中指のナックル部分を当てる。拳を45〜90度回転させてパワーを増幅させる。このとき手首は真っすぐにしておく。パンチは表面に触れるだけでなく、標的を撃ち抜くように打つことが重要。インパクトの瞬間には、拳に体重を乗せよう。

3
拳に体重を乗せて前傾した重心を引き戻し、安定した両足バランスに戻すとともに、パンチを放った右手を素早く引きつけて再びスターティングポジションをとる。また、肘をできるだけ下向きに保ちながら、次の動作に向けてタイミングを計る。

パームヒールストライク（掌底）

拳の代わりに、掌底（手のひら）の部分を使ってストレートパンチを打つこともできます。動作はふつうのストレートパンチと同じですが、手のひらを開き、指はわずかに曲げながら、手のひらの付け根の硬い部分が当たるように打ち込みます。

スターティングポジション 左足を前に出したファイティングスタンスから始める。

どちらの手でも行なえるが、右手の場合は、肘をできるだけ下向きに保ちながら、右手の手のひらを開いて前に押し出す。手のひらが出ていくのに合わせて肩と腰を回せば、パワーは増幅される。後ろ足の踵は、タバコの火を消すような感じで返す。

手のひらを開いた状態で、手のひらが標的に当たる寸前に手首を反らせる。指はわずかに曲げ、手のひらの付け根の硬い部分が当たるようにする。当たると同時に手首を内側にひねることで腕の筋肉が硬くなり、さらにパワーを加えられるとともに、手首をケガから守ることができる。また指を標的から外すことで、手のひらの付け根の部分で打つことができる。逆に手首のひねりがないと、衝撃で手首が反り返ってしまい、ねんざや骨折の原因となるので注意が必要。特に手を痛めやすい女性は注意したい。

アイストライク（目突き）

これもストレートパンチの別バージョンで、拳や掌底を当てるのではなく、相手の目に向かって揃えた指を突き出します。この目突きや金的蹴りなどの急所攻撃こそがクラヴマガの闘い方であり、自己防衛・護身のテクニックです。

スターティングポジション 左足を前に出したファイティングスタンスから始める。

1 両足の力を使い、肘をできるだけ下向きに保つ。目突きはどちらの手でも行なえるが、右手の場合は、手を握らず、開いた状態で前に突き出す。その手が出ていくのに合わせて肩と腰を回してパワーを増幅。後ろ足の踵は、タバコをもみ消すような感じで返す。

2 手が標的に当たる寸前に、手首のスナップを利かせ、5本の指を揃えて槍の先のようにする。指は緊張させることで指が強くなるほか、ナックル部分がほんの少し曲がる形になるので、関節が可動域以上に動く過伸展を予防。45度の角度で突き刺すようにすると、相手の顔の表面全体をカバーすることができる。

前進しながらのストレートパンチ

前進しながらストレートパンチを打って距離をカバーすることができます。初めは前の腕、右利きなら左手で練習し、次に右手、それからほかのパンチにもトライしましょう。パンチが当たったら、右足を前に引きつけて距離を詰めていきます。

スターティングポジション 左足を前に出したファイティングスタンスから始める。

1 両足の力を使い、肘をできるだけ下向きにした状態を保ちながら、左拳を前に伸ばす。手が出ていくのに合わせて肩と腰を回してパワーを増幅させる。

2 バーストと呼ばれている、足を使った瞬間的な動きで前に踏み込む。このときも右足で押し出し、左足を前に動かす。パンチが当たったら、さらに右足を引きつけて相手との距離を徐々に詰めてく。

ヒント！ 相手の反撃を受けないように、やや斜め前方に進むようにしましょう。

後退しながらのストレートパンチ

距離を詰めてくる相手に対し、フットワークを使って後退しながらストレートパンチ(特にジャブ)を打つことで、安全な距離を保つことができます。

スターティングポジション 左足を前に出したファイティングスタンスから始める。

1 相手が1歩踏み込んできたら、それに合わせてバックステップしながら、左のジャブを打ち出す。

2 パンチした左手を戻すのに合わせて、左足を右足に引きつけて後退。ファイティングスタンスに戻り、相手と再度正対する。

ポイント! 入ってくる相手のパンチを避けながらこちらのパンチを打ち込むためには、頭を少し下げて低い体勢を保ちながら打つのが理想です。

バリエーション

後退しながら左手(前足の方の手)パンチを打つ場合は、まず後退して両足を踏ん張り、それからパンチを打ちます。ジャブ以上に正確なタイミングが必要になるため、少しテクニックが求められます。

ローへのストレートパンチ

ボディや股間など、低いところを狙って打つストレートパンチは効果があります。基本動作は通常のストレートパンチと同じですが、特別な工夫が必要なので、別の練習が必要になります。このパンチは、攻撃にも防御にも使えます。

スターティングポジション 左足を前に出したファイティングスタンスから始める。

1
初動は通常のストレートパンチと同じだが、パンチを出しながら腰と膝を折って体を沈め、低いところへ拳を持っていく。打ち下ろすときに、頭を残すと顔面ががら空きになってしまうので注意が必要になる。また、先に体を沈めてからパンチを打ったのでは、動きが読まれてしまう。

2
パンチを打ったあと、低い姿勢のままで正面に残っていると、相手からのパンチや膝蹴りなどの反撃を受けやすくなる。そのためいったん後退して距離をとり、次のタイミングを計るのか、それとも連続して攻撃を続けるのか、素早く判断しなければならない。

ポイント！ パンチはどれも肩を送って体重を乗せますが、ローパンチでは特にそれが重要になります。しっかりパンチを利かせないと、頭が低いところにあるうちにカウンターパンチを狙われやすいので、顎を引いて、肩で顎全体を守ります。後退して体を起こし、距離をとってカウンターパンチを避ける練習、さらに攻撃を続ける練習をしましょう。

前へのハンマーフィストパンチ

拳を握ったときの肉のついている部分（小指の外側）を打撃点にするハンマーフィストパンチ。前への攻撃では、相手の顔面を打つのが一般的です。有効な標的としては、鼻、喉、こめかみ、ジョー（顎の横の部分）などがあります。

スターティングポジション ファイティングスタンスから始める。

1 拳を握った右手を顎から眉くらいの高さまで上げていき、少し振りかぶる。頭の上、高くまで腕を振り上げてはいけない。振り上げ過ぎてしまうと、動きが遅くなるうえに、相手にこのあとの動きが読まれてしまう。

2 その名のごとく、拳をハンマーのヘッド部分、前腕を柄の部分に見立てて振り下ろす。同時に、両足の力で肩と腰を回転させてパワーを生み出す。小指の外側の肉のついている部分を打撃点にして、相手の顔面を狙う。

ポイント！ 手首を返すことで回転力を加えます。パンチの打ち始めでは、手のひらが標的を向くようにして、当たる寸前には拳を返し、肉のついた部分で打ちます。

横へのハンマーフィストパンチ

横へのハンマーフィストパンチの練習は、どのスタンスからでも始められます。しかし、不意打ちへの対応で用いることが多いので、まずはニュートラルスタンスまたはパッシヴスタンスからの打撃をトレーニングしましょう。

スターティングポジション　ニュートラルスタンスまたはパッシヴスタンスから始める。

1 右手を横に上げながら、肘は軽く曲げる。手が標的に向かうのに合わせ、腰と肩を回転させる。顎は引いておく。上がってくる左腕は攻撃と防御を兼ねている。外側の足を返して標的の方へ踏み込む。

2 当たる寸前に拳を返し、肉のついた部分で打つ。その瞬間も肘は少し曲げておく。肘が標的より奥までいくことで、浸透力のあるパンチになり、関節の過伸展を予防することもできる。

ポイント！　パンチの打ち始めは手の甲を標的に向け、当たる寸前に拳を返して肉のついた部分で打ちます。ほかのパンチと同じで、打ったらすぐに腕を戻すようにしましょう。

高い位置への水平肘打ち（エルボー①）

相手と接近しているときに有効なのが肘打ち（エルボー）です。ここではトレーニングが目的のため、変形のパッシヴスタンスからスタートします。もちろんファイティングスタンスからでも、すべてのエルボーを使うことができます。

スターティングポジション パッシヴスタンスで、両手を顔の高さまで上げた状態から始める。

1

スターティングポジションのまま、左右の手は肩の高さに維持。手は拳を握っても、開いたままで少し指を曲げたリラックスした状態でも、どちらでもよい。肘は鋭角に曲げておく。左足を前方に軽く踏み出し、より相手との距離を詰める。

2

自分の前で水平に鋭く肘を振って、相手の顔面または喉に当てる。当てるポイントは肘の先端部分。当たると同時に体を回転させてパワーを増幅させる。ヒットしたあとは、すぐに元のスターティングポジションに戻る。

横への肘打ち（エルボー②）

相手と接近しているときに有効なのがエルボーです。この横へのエルボーとは、横からくる相手を狙うものです。トレーニングが目的のため、変形のパッシヴスタンスからスタートしますが、ファイティングスタンスからでも行なえます。

スターティングポジション パッシヴスタンスで、両手を顔の高さまで上げた状態から始める。

1 スターティングポジションのまま、左右の手は肩の高さに維持。手は拳を握っても、開いたままで少し指を曲げたリラックスした状態でも、どちらでもよい。肘を鋭角に曲げ、そのまま肘を肩の高さまで上げる。右足を踏み出し、相手との距離を詰める。

2 横へ向かって打つ。このとき、フワフワと羽ばたくような動きにならないようにする。上体を傾け、肘の先端の部分で打つ。両足を使ってパワーを増幅させる。ヒットしたあとは、すぐに元のスターティングポジションに戻る。

後ろへの水平肘打ち（エルボー③）

相手と接近しているときに有効なのがエルボーです。この後ろへのエルボーとは、後ろからくる相手を狙うものです。トレーニングが目的のため、変形のパッシヴスタンスからスタートしますが、ファイティングスタンスからでも行なえます。

スターティングポジション パッシヴスタンスで、両手を顔の高さまで上げた状態から始める。

1

スターティングポジションのまま、左右の手は肩の高さに維持。手は拳を握っても、開いたままで少し指を曲げたリラックスした状態でも、どちらでもよい。肘を鋭角に曲げ、そのまま肘を肩の高さまで上げる。右足を踏み出し、相手との距離を詰める。

2

体を回転させ、肘を水平に振り抜いて後ろの標的を打ち込む。このとき肩越しに相手を見るようにする（顎を深く引いておくこと）。肘の先端の少し上の部分で打つ。ヒットしたあとは、すぐにスターティングポジションに戻る。

後ろ下へのタテの肘打ち（エルボー④）

相手と接近しているときに有効なのがエルボーです。この後ろ下へのタテのエルボーとは、前ページと同様に後ろからくる相手を狙うものです。トレーニングが目的のため、変形のパッシヴスタンスからスタートします。

スターティングポジション パッシヴスタンスで、両手を顔の高さまで上げた状態から始める。

1

スターティングポジションから、手は拳を作っても、開いて少し指を曲げた状態でもよい。腰を落とし、重心を安定させながら、真っすぐ後ろに曲げた状態の肘を送って相手の肋骨や胃に当てる。当てるのは肘の先端の少し上の部分。体の回転でパワーを増幅させる。ヒットしたあとは、すぐにスターティングポジションに戻る。

後ろへのタテの肘打ち（エルボー⑤）

相手と接近しているときに有効なのがエルボーです。この後ろへのタテのエルボーとは、前ページと同様に後ろからくる相手を狙うものです。トレーニングが目的のため、変形のパッシヴスタンスからスタートします。

スターティングポジション パッシヴスタンスで、両手を顔の高さまで上げた状態から始める。

1
右手は拳を作っても、開いて少し指を曲げた状態でもよい。肘は鋭角に曲げる。体を回転させ、肩越しに相手を見る（顎を深く引いておくこと）。

2
体を回転させ、後ろへ上向きにエルボーを放つ。上体を傾けて、肘が相手の喉や顔面に当たるように狙って振り抜く。

3
当てるのは肘の先端の少し上の部分。体を回転させて、パワーを増幅させる。ヒットしたあとは、すぐにスターティングポジションに戻る。

前へ打ち上げるタテの肘打ち（エルボー⑥）

相手と接近しているときに有効なのがエルボーです。この前へ打ち上げるタテのエルボーとは、前からくる相手に対して肘を振り上げます。トレーニングが目的のため、変形のパッシヴスタンスからスタートします。

スターティングポジション パッシヴスタンスで、両手を顔の高さまで上げた状態から始める。

1

右手を顔のところまで持ち上げる。手は拳を作っても、開いて少し指を曲げた状態でもよい。肘を鋭角に曲げ、左足を一歩踏み出す。

2

鋭角に曲げたままの肘を、相手の顎を狙って振り上げる。打撃点になるのは肘の先端の少し前の部分。

3

腰と肩を内側へ回してパワーを増幅させる。ヒットしたあとは、すぐにスターティングポジションに戻る。

前へ打ち下ろすタテの肘打ち（エルボー⑦）

手と接近しているときに有効なのがエルボーです。これは 46 ページの「前へのハンマーフィストパンチ」と似た打ち方です。相手が低い角度から攻撃しようと身構えているか、股間へのキックで体が二つ折りになった状態で使います。

スターティングポジション

パッシヴスタンスまたはファイティングスタンスで、両手を顔の高さまで上げた状態から始める。

1

右手を肩のところまで持ってくる。手は拳を作っても、開いたままで少し指を曲げたリラックス状態でも、どちらでもよい。低い角度から攻撃しようと身構えている相手を押さえ込み、肘を振りかざす。

2

膝を曲げて体重を乗せながら、肘を振り下ろす。肘の先端の部分を相手の後頭部または首に当てる。ヒットしたあとは、すぐにスターティングポジションに戻る。

フロントキック（股間蹴り）

フロントキックの基本形には、「足の甲で股間を狙う」「母指球（親指の付け根部分）で相手の前面を狙う」の2つがあります。前者の股間蹴りは、ほとんどのセルフディフェンスの状況で使えます。まずはこちらからトレーニングしましょう。

スターティングポジション
左足を前に出したファイティングスタンスから始める。

1 右足を、膝を曲げたまま振りだす。

2 腰が前に出てきたところで、標的を蹴り抜くように足先に蹴りだす。軸足（左足）でわずかに回転すると、腰が開いて蹴りが伸び、パワーも増す。当てるのは甲の靴紐を結ぶ辺り。

3 足を戻す。そのまま前に着地させても、元のファイティングスタンスに戻してもよい。

バリエーション
相手との距離が近い場合は脛を当ててもかまいません。

ヒント！
ミット打ちでは、パートナーの胸の中央を見て蹴ると、貫通力が出ます。逆にミットを見ると、蹴りがそこで止まります。蹴るときは両手を決して下げないように。

オフェンシヴフロントキック

基本のフロントキックのもう1つが、母指球（親指の付け根部分）を使って相手の体の中央か胸部に蹴り込む方法です。タテの標的を打ち抜いてダメージを与えるという、オフェンシヴ（攻撃的）なキックです。

スターティングポジション

左足を前に出したファイティングスタンスから始める。

1

前ページで紹介した股間蹴りのフロントキックと同様に、右足を前に出しながら膝を上げていく。ここでの標的は股間より上に位置するため、蹴り上げることはしない。

2

足先から腰までが一直線な状態で蹴り込む。蹴る瞬間に、つま先を靴の甲に向けて反らせる。そうすることで母指球が前に出て固くなるので、その部分を標的となる体の中央か胸部に当てる。母指球で蹴る感覚は、母指球で地面を蹴る練習でつかめる。強く蹴ったあとの足は、必要に応じて体の前に下ろしても、後ろへ引いてファイティングスタンスに戻してもよい。

ディフェンシヴフロントキック

左ページの「オフェンシヴ」は、相手にダメージを与える攻撃的なものですが、こちらは、相手の前進を止めたり、近づいてきた相手を突き放したりするのが主目的の防御的なキックです。足の裏全体を使うので、打ち抜くというより押す感じです。

スターティングポジション

左足を前に出したファイティングスタンスから始める。

1

膝を高く上げ、つま先を自分側に反らす(左ページのオフェンシヴフロントキックでは、つま先まで一直線に伸ばしているので、その違いに注意)。

ポイント! キック経験のない人は、膝が過伸展になる危険性があります。止まっている相手で必ず練習してから、前進してくる標的に！　そのときも、まずはゆっくり動く標的から。

2

右脚全体を伸ばしながら、指の付け根部分から踵まで、足の裏全体を使って蹴る。当たる瞬間、膝の関節が過伸展になる恐れがあるので、膝は少し曲げておく。ほかのキック同様に、腰を押し出すようにするとリーチが伸び、パワーも大きくなる。ベースの足の力を使えばさらにパワーが出る。蹴り終わったら、素早く元の体勢に戻る。着地は軸足の前でも後ろでもかまわない。

ラウンドキック

フロントキックと違い、最後の瞬間に「返し」が入ります。蹴るのはレギュラーのフロントキックと同じ甲または脛。上級者向けには母指球での蹴り方もあります。狙いは相手の膝関節、腿、肋骨。頭へのハイキックはクラヴマガでは推奨しません。

スターティングポジション 左足を前に出したファイティングスタンスから始める。

1 右足を。膝を曲げたまま振りだす。

2 膝から先をさらに振り上げ、標的である膝関節、腿、肋骨を狙う。左足を軸に素早く腰を回転させ、スナップを利かせながら右足を蹴り込む。

3 当てるのは脛もしくはつま先や足指の付け根の部分。蹴る瞬間も、膝は少し曲げておく。

ヒント！ パワーのある蹴りを打つには、軸足（この場合は左足）を標的より深く入れて、蹴り足を振り抜くようにします。さらにパワーを増幅させるには、まず斜め前に踏み込んで、軸足を回してから蹴る方法があります。ただしこの方法は、パワーは出ますが、相手に読まれやすい欠点があります。

ニーストライク（膝蹴り）

フロントキックが足を使ったストレートパンチとするなら、このニーストライクは膝を使ったエルボーといえるでしょう。どちらも接近戦に有効であること、さらには一撃で相手を倒す威力を持っています。

スターティングポジション

左足を前に出したファイティングスタンスで、相手に近い間合いから始める。

1 相手の右腕と右肩をしっかりつかみ、右の前腕部を相手の首に押しつける。相手が体を沈めるのを防ぐため、肘は下げたままにしておく。

2 相手の体を下向きに引きながら、右の膝を鋭く蹴り上げる。股間、胴体、顔面などを狙って、膝頭の少し上の部分を当てていく。

バリエーション

ムエタイの首相撲のように、手が相手の頭にかかった体勢なら、どちらの膝も使えます。相手の頭を両腕で抱え、肘を下げてきっちりと締める。片手をもう一方の手に重ね、両手の指が相手の後頭部にかかるようにして押し下げると、首に圧力がかかってコントロールしやすくなります。下から頭を抜かれないように、肘を強く締めましょう。

ヒント！ 相手の左腕・左肩をつかんだ場合は、左膝で蹴ります。膝は鋭角に曲げておきます。股間を狙う場合は、腰を前に突き出し、相手の体を自分に引きつけるようにします。胴体や顔面を狙う場合は、相手の体を下向きに引き、上に蹴り上げます。

ラウンド・ニーストライク

膝蹴りは角度を変えても使えます。このバリエーションは、レギュラーのフロントキックのように、ほぼ真っすぐ蹴り出して最後に腰を返します。基本の膝蹴りをマスターしてから練習しましょう。相手が正面で、横に隙があるときに有効です。

スターティングポジション
左足を前に出したファイティングスタンスで、相手に近い間合いから始める。

1

相手の右腕と右肩を皮膚ごとしっかりとつかむ。右の前腕部を相手の首に押しつける。このとき、相手が体を沈めて足をつかんでくるのを防ぐため、肘は下げたままにしておく。

2

相手の体を下向きに引きながら、右の膝を上げてくる。ラウンドキックのように腰を返し、膝が水平に近い角度で当たるようにする。狙うのは肋骨、腹部、頭など。腰を前方に突き出すことでパワーを生み出す。

フロントキック-ストレートパンチの
コンビネーション

反撃は連続して繰り出した方が、相手は受けづらく、効果を発揮します。反撃の間を与えないことが大切です。まずは股間蹴りからのストレートパンチのコンビネーションを練習してみよう。

スターティングポジション

左足を前に出したファイティングスタンスから始める。

1

レギュラーのフロントキックで股間を打つ。軸足（右足）でわずかに回転すると、腰が開いて蹴りが伸び、パワーも増す。当てるのは足の甲の靴紐を結ぶ辺り。ヒットさせたあとは、素早く左足（蹴り足）を戻し、ファイティングスタンスをとる。

2

左足が着地すると同時に、顔面または喉を狙って、右手のストレートパンチを打つ。人差し指と中指のナックル部分を当て、拳を約45度回転させてパワーを増幅。パンチは表面に触れるだけでなく、撃ち抜くように打ち、インパクトの瞬間に体重を乗せる。

360度ディフェンス（アウトサイド・ディフェンス）

この練習方法は、ディフェンスと視力開発に非常に効果的です。アウトサイドディフェンスの基本となるもので、フック、パンチ、ナイフなどによる攻撃に対する防御を含んでいます。360度ディフェンスとは、人体の本能的な反応に基づいた反射エクササイズで、つねに指を伸ばして行ないます。その方が本能的（反射的）な動きに近いので、スピードが速くなるからです。また指を伸ばすことで、わずかですが、ディフェンスできる範囲が広くなります。

スターティングポジション

ニュートラル（またはパッシヴ）スタンスで、両手を肩ないし顔の高さに構える。どのディフェンスポジションでも、素早く動き、すぐに元の体勢に戻るようにする。

▼

ポジション①
肘を90度に曲げ、前腕部を頭の少し上まで上げて、真っすぐ打ち下ろしてくる攻撃を防ぐ。

ポジション②
肘を90度に曲げ、腕を約30度の角度で上げて、45度からの攻撃を防ぐ。

ポジション③
肘を90度に曲げ、前腕部を水平移動させて、横へ開く（両腕で同時にすると、2本のゴールポストのように見える）。真横からの攻撃を防ぐ。

4

ポジション④

肘を90度に曲げたまま、体にぴったりと引きつけて、下から肋骨を狙ってくる攻撃を防ぐ。前腕部を少し外側に返し、腹筋を締める。

ポジション⑤

肘を90度に曲げ、指先を下に向けて、下から肋骨を狙ってくる攻撃を防ぐ。ポジション3と上下が正反対の形になる。

5

ポジション⑥

肘を90度に曲げ、腕を30度の角度に下げて、下から胴体部分を狙ってくる攻撃を防ぐ。必ず膝ではなく、腰を折って行なうこと。

ポジション⑦

肘を90度に曲げたまま、胸の前辺りまで前腕部を下げて、下から体の中央を狙ってくる攻撃を防ぐ。必ず膝ではなく、腰を折って行なう。

6

ポイント！
- パートナーは腕を伸ばした状態で攻撃します。路上での攻撃ではまずないことですが、ディフェンスと視力開発に非常に効果的な練習方法です。ディフェンダーは前腕部の手刀の側を使って攻撃を防ぎ、ディフェンスする腕に体重を乗せます。手首と手首が当たるようにします。
- その際、ディフェンダーはパートナーの胸の中心を見たまま、周辺視野ですべての攻撃をとらえるようにします。1つの攻撃の方向に視線を向けてしまうと、反対側からくる別の攻撃が見えなくなってしまうためです。
- アタッカーは初めゆっくりと、一度に1つの攻撃だけを行なうようにし、ディフェンダーが上達してきたら、徐々にスピードを上げていきましょう。

7

ストレートパンチに対する
インサイドディフェンス

インサイドディフェンスとは、顔面や喉を狙ったストレートパンチに対処するものです。360度ディフェンスは、相手の攻撃を止める「ストッピング」のディフェンスでしたが、これは相手の攻撃を意図した標的からそらせる「リダイレクト」のディフェンスです。このディフェンスでは、攻撃してくるのと同じ側（ミラーサイド）の手を使います。たとえば相手が右手でパンチを打ってきたら、ディフェンダーは左手を使います。

スターティングポジション
左足を前に出したファイティングスタンスから始める。

相手が前進してストレートパンチを打ってきたら、ディフェンスに使う腕を前に出して、内向きに動かし、手のひらの中央または前腕（手首付近）で相手の腕を押す。このとき、手のひらが相手の腕の上を滑っていくようにする。体は肩のすぐ内側から目線の方向に移動。同時に外へ向かって小さくヘッドディフェンスをとり、パンチを防げなかった場合に備えてスペースを作っておく。

1

> **ヒント！** 手のひらで行ないますが、パンチの高さを読み違えた場合には、手首や前腕部で行なってもかまいません（次ページの「ローへのストレートパンチに対するインサイドディフェンス」を参照）。

ローへのストレートパンチに対するインサイドディフェンス

インサイドディフェンスは、相手の攻撃を意図した標的からそらせる「リダイレクト」のディフェンスです。ローパンチを効果的にディフェンスするには、フェイントや第2の攻撃に備えて、必ず両手を上げておくことです。

スターティングポジション

左足を前に出したファイティングスタンスから始める。

相手が前進してローのストレートパンチを打ってきたら、素早く肘を体の前へ持ってくる。ストレートパンチのインサイドディフェンスと同じで、ミラーサイドの腕を使う（右のパンチには左腕でディフェンス）。肘の主導で動き、手は上げたままで動かさないこと。少し体を回転させて、ボディディフェンスもとる。右のパンチに対しては右回り、左のパンチには左回りになる。

1

ヒント！ 腹筋を締めて胴体部分を守るとともに、上体を少し沈めて、肘でカバーできる部分を多くするようにします。

連続するパンチに対するディフェンス

360度ディフェンスとインサイドディフェンスをマスターしたら、両方を組み合わせて練習します。相手がパンチを出すのは1度に1つだけで、360度からの攻撃とストレートパンチをミックス。ディフェンダーは適切にディフェンスをします。

スターティングポジション

左足を前に出したファイティングスタンスから始める(相手は遠めの間合いから、少し踏み込んで攻撃する)。

1 ストレートパンチに対するインサイドディフェンス(64ページ)

 ▶

ヒント! 正確なインサイドディフェンスをすれば、手はつねに正しい位置にキープされるので、アウトサイドからの攻撃にも対処できます。

2 ローへのストレートパンチに対するインサイドディフェンス（65ページ）

2

3 360度ディフェンス（62ページ）

3

正面からの首絞めに対するディフェンス
（両手でのプラック）

正面からの首絞め(チョーク)は受けることの多い攻撃です。本能的に危険なところ（この場合なら喉）に両手が動くはずですので、相手の手をつかんだら一気に引き剥がします（プラックします）。自然な体の反応をディフェンスに生かす、クラヴマガの原理がよく表れているので、セルフディフェンスのトレーニングを始めるには最適でしょう。

スターティングポジション
ニュートラルスタンスから始める。

親指以外の4本の指を曲げ、親指をきっちりとつけて、手を鉤(フック)の形にする。両手を上げてきて相手の手にかぶせる。

2 相手の両腕の内側へ差し込んだら、できるだけ相手の親指に近いところを引っかけて、一気に外へと引き剥がす。はずみでヘッドバットをされないように、しっかり顎をひいておく。

3 自分の肩の線をなぞるように手を下げていって、相手の手を、脇を締めて前腕で挟んで保持する。自分の肩に固定する。

4 ブラックすると同時に股間に蹴りを入れる。

正面からの首絞めに対するディフェンス
（片手でのプラック）

両手でのプラックほど本能的な動きではありませんが、こちらの動きの方がやりやすいという人も少なくありません。ディフェンスと攻撃を同時に行なうことができ、また相手のヘッドバッドを防ぐこともできます。

スターティングポジション
ニュートラルスタンスまたはパッシヴスタンスから始める。

1
相手が首絞めを仕掛けてきたら、同じ側の手を上げてきて、相手の手をプラックする。

2
同時にもう一方の手を反対側の腕の下から送って、下顎や顔面にパームヒールストライク（掌底）を放つ（上級者はアッパーカット）。

ヒント！ パームヒールストライク（掌底）を打つときには、パンチが相手の腕の下を通るように、打つ側の肩を下げるといいでしょう。プラックとパンチを合わせることで体が回転し、喉への締めつけを緩める効果もあります。

横からの首絞めに対するディフェンス

さまざまな問題を1つの方法で解決しようとするのがクラヴマガです。ここでも「正面からの首絞めに対するディフェンス（68ページ）」と同じ原理が働いています。

スターティングポジション

ニュートラルスタンスで、相手が横から首絞めを仕掛けてきた状態から始める。

1

アウトサイドの手を反対側へ上げてくる。

2

68ページの「両手でのプラック」と同じフック（鉤の形）を作り、相手の親指付近をプラックして、胸の前を斜め下向きに引っ張る。同時に股間打ちか、顔面へのエルボーで反撃する。

3

相手の方に向き直り、エルボーや膝蹴りで反撃を続ける。

ポイント！ プラックは、手が体から離れないように、胸に沿って引くようにします。体から離す方向に引くと、プラックの動きにパワーがなくなってしまいます。

後ろからの首絞めに対するディフェンス

後ろからの首絞めは、正面からの首絞めに比べて、不意に仕掛けられて見えないため、危険度が増します。ただし、危険なところに両手を持ってくるという本能的な反応をディフェンスに利用する動作を意識することが大切です。

スターティングポジション

ニュートラルスタンスまたはパッシヴスタンスで、相手が後ろから首絞めを仕掛けてきた状態から始める。

1

首絞めだと感じたら、深く顎を引き、肩をすくめて、相手の親指がむき出しになるようにする。

2

両手をできるだけ後ろへ伸ばす。こうするとプラックに勢いがつき、確実に手を引き剥がすことができる。

3

首筋の中央に手を伸ばし、相手の親指を真っすぐ下に引き剥がす。両肘を自分の腹に引きつける感じで行なう。プラックしながら斜め後ろにステップする（必ず両足で動く）。

ポイント! 練習では2つのパートに分けて行ないます。まずはディフェンスから股間打ちとエルボー、次にハンマーフィスト、ターンから反撃を続ける練習をしましょう。最初の股間打ちは手のひらを相手に向け、指を食い込ませるようにすれば効果絶大です。

相手に近い内側の手で股間を打ち、フォローで腹部または顔面に肘を打ち込む。下向きの手の動きから自然に出る攻撃である。

外側の手はそのままつかんでおく。こうしておけば相手が離れず、動いてもついていけるので、次の攻撃に続けることができる。

この時点でつかんでいた手を離す。内回り（相手に近い方向）に回転して相手に向き直り、ハンマーフィストパンチを顔面に打ち込む。

膝蹴りでとどめを刺すか、動いて距離をとる。

正面から押されながらの首絞めに対するディフェンス

首絞めに押しが加わると危険度が増します。この場合、押されてバランスを崩しているのと、不意に押されたことで両手が開き、喉から離れてしまうために、ふつうのプラックは難しくなります。

スターティングポジション

ニュートラルスタンスで、相手が正面から首絞めを仕掛けてきた状態から始める。

1

後ろによろめくことを想定して体を傾け、バランスを崩しておいて、一方の足（トレーニングでは左足のほうがやりやすい）を引くと同時に右手を突き上げる。この際、二の腕が右耳に触れるくらいに腕を上げると、相手の手首に効かせられる。

2

足はそのままの状態で、体を鋭く左に90度くらい回す。その際、相手の前腕部ではなく、手首に圧力をかけるようにすると、喉を締めている手が緩む。

ポイント！ どのテクニックも同じですが、1つのスキルを練習して、利き手側で楽にできるようになったら、必ず反対側でも練習しておくことが大切です。また、実際に押された場合を想定して、あえてバランスを崩してからのステップバックをトレーニングすることで、本当に攻撃されたときの不意打ち感をつかむことができます。このディフェンスのポイントは、肘を打ち下ろすところではなくて、体の回転です。肘を打ち下ろすのは、相手の腕をどけることで反撃を容易にするためです。

3

少し膝を折り、重心を安定させながら、右の肘を垂直に打ち下ろす（54ページ）。同時に左手を上げてきて、相手の腕をつかまえる。

4

しっかり体重を乗せて、相手の顔面に横のエルボーを放つ（49ページ）。そのまま、さらに反撃を続ける。

後ろから押されながらの首絞めに対するディフェンス

前項の「正面から押されながらの首絞めに対するディフェンス」と、原理はまったく同じです。ディフェンスのポイントも、同じように体の回転です。

スターティングポジション
ニュートラルスタンスで、相手が背後に立つ状態から始める。

1

後ろから首絞めを仕掛けられて押されると、倒れないための本能的な動きで、両手が前へ上がる。右足が前に出るのに合わせて、左腕を耳の近くまで上げる。これで確実に相手の手首に効く。鋭く後ろ向きに回転して、相手の方へ向き直る。「正面から押されながらの首絞めに対するディフェンス」と違い、90度以上回転して相手と正対するところまで回る。

> **ポイント!** 相手の押しが強くなければ、左足を引いてのステップバックは不要です。しかし、必要になるケースの方が多いでしょう。

 ▶

2

回りきったら左足(内側の足)を引く。これによって、強く押されてもバランスを保つことができる。左の肘を下ろして相手の両手をどけ、そのまま脇を締めて固定する。同時に右のパンチで反撃し、左の膝を連打してフォローする。

横からのヘッドロックに対するディフェンス

横からのヘッドロックは校庭、路上、酒場の喧嘩でもっともよく見られるホールドです。いけないのは無理に抵抗しようとすること。ホールドする力を余計に強め、脱出が難しくなります。

スターティングポジション
相手が横からヘッドロックをかけてきた状態から始める。

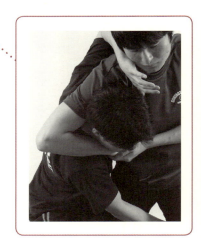

1 内向きや下向きに頭を引かれるが、逆らわずに顎を引いて首絞めを避け、頭部の露出を減らしてパンチを受けないように防御する。同時に外側の手（相手から離れたほうの手）で、相手の股間を打ちながら、内側の手を相手の背中側から上げていき、自分の頭と相手の頭の間に入れる。

相手が長髪の場合は、外側の手で生え際の辺りを頭皮ごとつかんで引きずり倒す。相手が短髪であったり、スキンヘッドであったりする場合は、内側の手で目や鼻を狙う（写真はこちらのケース）人差し指を鼻の下に、親指を顎に当て、鋭く相手の顎を上げ、内側の肘を真っすぐ下げながら自分の体勢を立て直す。

2

顔面へのハンマーフィストやパンチなどで反撃する。

3

同じ側の手のリストリリース
(エルボー・トゥ・エルボー)

ソフトテクニック

相手が同じ側（たとえば左手で右手）の手首をつかんできた場合に使うテクニックです。相手の手を瞬時に離脱させます。

スターティングポジション
相手が左手で右手をつかんできた状態から始める。

1 手を開き、手の甲が上を向くように手首を回す（親指を自分側に向ける）。

2 肘を前に出し、相手の肘に当たるくらいまで曲げる。同時にスナップを利かせて手首のホールドを外す。手首の薄い部分から動かす。

3 両手を上げたまま、小さくステップバックして相手から離れる。

ヒント! 前進して近づかないと手首がほどけないこともあります。そのときには同じ側の足（右手をホールドされている場合なら右足）で踏み込みます。「エルボー・トゥ・エルボー」（肘と肘を合わせる）と覚えておくと、とっさの場にも思い出しやすいでしょう。

逆側の手のリストリリース
（ヒッチハイク・アウト）

相手が逆側の手（たとえば、右手を斜めに出して右手）をつかんできたときに使うテクニックです。相手の手を瞬時に離脱させます。

スターティングポジション

相手が左手で左手をつかんできた状態から始める。

1

相手が右手で右手をつかんできたら、手を開き、手のひらが上を向くように手首を回す。ホールドの弱い方（相手の親指と人差し指のジョイント部分）に自分の親指を向ける。

2

自分の肩の方に向かって、ヒッチハイクのポーズをとるようにして、手を引き抜く。

3

両手を上げたまま、小さくステップバックして相手から離れる。

高い位置での両手のリストリリース

相手が両手で、両方の手首をつかんできたときに使うテクニックです。相手の手を瞬時に振りほどきます。

スターティングポジション
肘を曲げて上げた手を、相手が両手首をつかんできた状態から始める。

相手に手首をつかまれたら、両手を内向きに回転させる。左手は時計回り、右手は反時計回りに回す。ホールドの弱い方に小指側を向けると離脱できる。このとき、顎を深く引いて顔を下に向け、故意または弾みでヘッドバットをもらわないようにする。

低い位置での両手のリストリリース

相手が両手を押さえつけてきたときに使うテクニックです。相手の手を瞬時に振りほどきます。

スターティングポジション

相手が上から両方の手首をつかんできた状態から始める。

両手を内側から上へ、自分の顔の方へ動かす。このとき、ホールドの弱い方（自分側）に親指を向ける。

肘を相手方向に押し出すと離脱できる。

両手を上げたまま、小さくステップバックして相手から離れる。

ヒント！ ニュートラルスタンスからファイティングスタンスへの移行と似た動作になります。その動き応用して、相手の両手をリリースします。

両手で片方の手首をつかまれたときのリストリリース

相手が両手で、片方の手首をつかんできたときに使うテクニックです。相手の手を瞬時に振りほどきます。

スターティングポジション
相手が両手で一方の手首をつかんできた状態から始める。

1 つかまれていない方の手を伸ばし、つかまれた方の手と組み合わせる。

2 つかまれた手を、相手の手首より高い位置まで上げる。

3 曲げた腕を鋭く回転させ、エルボーを空振りして手首をほどく。ソフトテクニックなので、肘は相手に当てない。

4 両手を上げたまま、小さくステップバックして相手から離れる。

限られた練習量で
多くの問題を解決するには？

Level up column

　人間の動きや反応の研究に、「ヒックの法則」（あるいは「ヒック・ハイマンの法則」）と呼ばれる有名な理論があります。人間は選択肢が多いほど、意思決定に時間がかかるというものです。意思決定に時間がかかるのは、自己防衛の状況では致命的です。解決のための手段は、「①練習量を増やす」「②選択肢を減らす」のどちらかしかありません。

　練習量を増やすのは、決して悪いことではありません。たいていの物事は練習するほどうまくなります。
　しかし、クラヴマガは一般の人にも使ってもらうことを前提とした護身術です。言い換えれば、あまり練習時間がとれない人でも、効率よく学べるものでなければなりません。そのためクラヴマガは、後者の「選択肢を減らす」こと、すなわち、いかに「シンプルに対処する」かを追求しています。

　クラヴマガのアプローチは一貫しています。1つの動きを発見したら、その動きを利用して、できるだけ多くの攻撃に対処することです。
　そもそも、起こり得るすべての攻撃に対して、個別に防御法を考えることは不可能です。たとえ、500種類の攻撃のパターンに対して、それぞれに対応した500種類の防御を考えたとしても、一歩外へ出たとたん、501種類目の攻撃を受ける可能性もあるでしょう。

　トレーニングでは、いろいろなテクニックやシチュエーションを経験していきますが、その際につねに人の自然な動きについて理解を深めるようにすると、少ない練習量で早く上達します。学んでいくとわかりますが、たとえば、ナイフへの対処の仕方も、銃への対処の仕方も、基本は変わりません。クラヴマガでは、人の自然な動きがベースになっているからです。

　各対処法は個別に存在するわけではありません。いくつかの原理が組み合わさっているに過ぎません。そのことを意識して学ぶだけで、上達の速度はもちろん、実戦力に大きな差が出てきます。

バックフォールブレイク

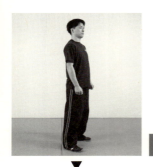

アクシデントはつきものです。足を滑らせる、足払いをくらうなどの理由で倒れてしまうことがよくあります。倒れるときのポイントは、手のひらから前腕部、さらには背中上部の広い筋肉を使って衝撃を吸収し、頭と腰をケガから守ることです。

スターティングポジション 立った状態から始める。

1

初めて受け身を覚える人は、しゃがんだ状態からスタートしてもよい。

2

できるだけ上半身でリードし、腰を引き上げるようにして、後ろ向きに倒れる。その際、顎を深く引いて、歯を噛み合わせることで頭部と首を守るとともに、舌を噛むリスクを避ける。

3

着地と同時に両手のひらで地面を強く叩く。腕と体の角度は45度くらい。絶対に肘でリードしないこと。肘から着地すると大きなダメージを負いかねない。

4

すぐに両手を顎の前の楽な距離に移動させ、ファイティングポジションをとる。

サイドフォールブレイク

サイドの場合も原則はまったく同じです。ただし、体の一方の側に倒れるため、使える手が限定されます。ポイントは、手のひらと前腕部、さらには背中上部の広い筋肉を使って衝撃を吸収しつつ、頭と腰をケガから守ることです。

スターティングポジション 立った状態から始める。

1

右側に倒れるときには、右足を真っすぐに伸ばし、体の右側のリードで地面に向かって倒れ込む。できるだけ上半身でリードして、腰を引き上げるようにする。その際、顎を深く引いて歯を噛み合わせることで頭部と首を守るとともに、舌を噛むリスクを避ける。

2

着地と同時に手のひらで地面を強く叩く。腕と体の角度は45度くらい。絶対に肘でリードしないこと。肘から着地すると大きなダメージを負いかねない。

3

すぐに両手をファイティングポジションに戻す。この倒れ方をすると、最後はグラウンドファイティングの「サイドポジション（90ページ）」のようになる。

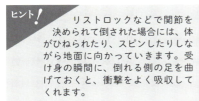

ヒント！ リストロックなどで関節を決められて倒された場合には、体がひねられたり、スピンしたりしながら地面に向かっていきます。受け身の瞬間に、倒れる側の足を曲げておくと、衝撃をよく吸収してくれます。

Complete Krav Maga **87**

バックポジション（基本形）

受け身を上手にとり、攻撃に備えるポジションを早くとるほど、防御がしやすくなります。後ろ受け身からポジションまで、一連の流れとして覚えてください。

後ろ受け身
手のひらから前腕部、さらには背中上部の広い筋肉を使って衝撃を吸収し、頭と腰をケガから守る。

ポジション
仰向けに寝て、頭と肩を浮かせ、顎を胸につける。両手を上げて顔面をガードし、片方の足は膝を立てて、尻の近くに置く。もう一方の足の膝を胸の近くまで引き上げ、腰は浮かせておく。このポジションをとれば、背中と足のわずかな部分しか地面についていないため、攻撃に対応しやすい。

バックポジション（グラウンドでの動き方）

相手は周囲を回って急所を攻撃してくるので、つねに自分の体（頭）と相手の間に自分の足がくるようにしてターンします。ポジションが正しければ、背中の一部と片足が地面についているだけなので、ターンはしやすいはずです。

スターティングポジション　バックポジションから始める。

1

地面につけた方の足を使ってターン、ストップをする。

2

キックのために、つねに相手に近い方の足を上げておく。たとえば、相手が左へ回ったら、左足を上げて右足でターンする。こうすると、相手はガードを回り込むのが難しくなる。

バリエーション
相手との距離が十分にあるのなら、両手を地面につけて上体を起こしましょう。その方が速いターンができ、調節もしやすくなります。

サイドポジション（基本形）

受け身を上手にとり、攻撃に備えるポジションを早くとるほど、防御がしやすくなります。横受け身からポジションまで、一連の流れとして覚えてください。

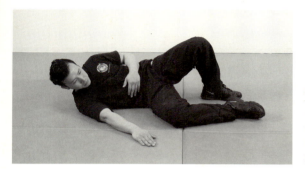

横受け身
ポイントは、片手のひらと前腕部、さらには背中上部の広い筋肉を使って衝撃を吸収しつつ、頭と腰をケガから守ること。

ポジション
肘と一方の腰、足の側面全体を地面につける。上側の腕を上げて顔面をガードする。上になった足を上げ、膝を引きつけてキックの準備をする。相手が離れている場合には、肘ではなく手のひらを地面につけて上体を起こしてもいいが、あくまで相手との距離が十分にあるときに限る。

サイドポジション（グラウンドでの動き方）

アタッカーは周囲を回って急所を攻撃しようとしてくるので、ターンしながら、つねに自分の体（頭）と相手の間に自分の足がくるようにしておきます。肘と片足が地面についているだけなので、ターンをしやすいはずです。

スターティングポジション　バックポジションから始める。

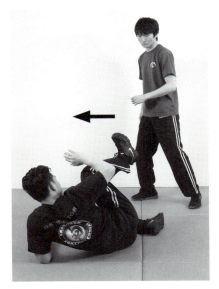

1

相手がこちらのライヴサイド（体の正面側）に動いたら、下の足を使ってターン、ストップする。

2

相手がデッドサイド（背中側）に動いたら、体を半回転させて体の正面側になるようにポジションを変える。

Complete Krav Maga | 91

グラウンドからのフロントキック

踏みつけるように蹴る、グラウンドでの「ディフェンシヴ・フロントキック」です。同様のスタンディングでは足裏全体を使いますが、このキックは踵で蹴り込みます。

スターティングポジション バックポジションから始める。

1 足を相手に向かって水平に伸ばし、踏みつけるようにして蹴る。足を蹴り出すときに、腰も一緒に押し出すようにする。パワーを生むための重要なポイントである。

2 蹴りが当たる瞬間には、地面についているのは軸足の裏と肩・肘だけにならなければならない。

3 蹴り終えたら、素早く膝を胸のところまで引き戻して、次の攻撃の準備をする。

ヒント！ 脛や膝を蹴るときには、足首を少し外向きにひねると当たる面が大きくなるので、ヒットする確率が高くなります。

グラウンドからのラウンドキック

グラウンドでのラウンドキックは、相手がガードを回り込もうとしたときに特に有効です。相手が蹴り足の外へ出ようとするところを、体を半回転させて蹴り出します。立ってのラウンドキックと同じで、足の甲か脛を当てていきます。

スターティングポジション バックポジションから始める。

バックポジションで上げていた足を下ろして軸足にし、もう片方の足で蹴り始めると同時に腰を返す。

1

ヒント！ パワーを加えるには、両足をハサミのように動かします。立ってのラウンドキックのときに軸足を回したのと似た動きです。相手の動く方向によって、どちらの足で蹴ってもかまいません。もちろん下側の足を使った方が強いキックになります。立ってのラウンドキックで、後ろの足を使った方が強い蹴りになるのと同じです。通常のラウンドキックと同じで、足の甲または脛をヒットさせます。

グラウンドからのサイドキック

ラウンドキックを打ったあとやサイドポジションになったときに有効なのがサイドキックです。ストンピングのように踵の底の部分を、踵と肩が一直線になるように当てていきます。標的は胴体部分のほかに、脛や膝を狙うこともできます。

スターティングポジション サイドポジションから始める。

足を伸ばしながら腰を入れてパワーを生み出し、踵で蹴り込む。地面に近い方の手を支えにすると、さらにパワーが増す。

1

相手が十分に離れている場合は、もう一方の手を使ってもよい。距離が近い場合は、片手はガードのために上げておく。インパクトの瞬間に、踵、膝、腰、肩が一直線になるようにする。

ヒント！ この蹴りでは、胴体部分のほかに、脛や膝をピンポイントで狙うこともできる。

2

立ち上がり方

どんな場合でも、グラウンド状態での最終目標は立ち上がることにあります。しかし、立ち上がるのにも戦術的な判断が必要です。ここではグラウンドファイティングのポジションから、もっとも安全に立ち上がる方法を紹介します。

スターティングポジション グラウンドでのバックまたはサイドポジションから始める(写真はバックポジション)。

1 蹴りに反応するなどして相手が後ずさりしたら、ベースフット(支えの足)を地面につけたまま、蹴り足を浮かせる。同時にベースフットと同じ側の手を上げてガードしながら、もう一方の手を地面について支えにする。蹴り足はいつでも蹴り出せるように準備しておく(ただし、このポジションからだと、あまりパワーは出ない)。支えにした手足を使って腰を地面から浮かせる。

2 蹴り足を、体の下を通すようにして、素早く後ろへ引く。このとき、足が腰の真下ではなく、体より後ろにくるようにする。

3 立ち上がりながら、後ろに下がって距離をとる。

ヒント! 体の下に足を通すときには、真後ろに引くのではなく、斜め後ろに引くようにすると動きやすくなります。片手で腰を浮かせられないときは、両手を使ってもかまいません。ただし、その場合はガードが弱くなるので注意が必要です。

Complete Krav Maga | 95

Orange Belt

オレンジベルトで習得すること

-このベルトの到達目標-
●イエローベルトでのテクニックを反復練習を通じ、さらに磨きをかける。

-おもなトレーニング内容-
●イエローベルトのテクニックに加え、より多様なパンチ、キック、カウンターアタックを伴うパンチに対する防御、キックに対する防御、より多様な首絞め、ヘッドロック、抱きつき（ベアハッグ）に対する護身を習得する。

-トレーニング期間の目安-
●週2〜3回のペースでクラスに参加した場合、おおよそ6カ月でオレンジベルトテストの受験資格を得ることができる。

トレーニングガイド

　イエローベルトでは、相手の手が喉にかかった場合のディフェンスとして「プラッキング」の原理を学びましたが、オレンジベルトでは、同じ原理を、後ろからのヘッドロックにも応用していきます。

　また、実際の場面で相手に上に乗られたときの対処法を学びます。自分からグラウンドにいくことは絶対に推奨しませんが、**実際の闘いでは選択の余地がないこともあるので、そうなっても対処できるようにしておくことが非常に重要**です。おもなトレーニング内容には、次のようなものがあります。

①コンバティヴ
　基本のコンバティヴをマスターしたら、コンビネーションの練習です（P104〜109、115）。どんなコンビネーションでも、それでスキルが身につき、さまざまな角度や高さから何通りもの攻撃を繰り出せる有効なテクニックです。しかし、ここでは基本的なものをいくつか紹介しているだけですので、マスターしたら、あとは自分だけのコンビネーションをどんどん開発していきましょう。

　ただしビギナーの場合は、1つひとつのテクニックに集中することも大切です。

まずはシンプルなコンビネーションから始めて、できるようになったら、少しずつ技を増やしていくことも大事です。

②ディフェンスとセルフディフェンス

クラヴマガでは、足での攻撃はできるだけ足でディフェンスしますが、ときには手でディフェンスするしかないこともあります。このオレンジベルトでは、ローキックに対する足でのディフェンスとともに、手でのディフェンスも説明しています（P124～131）。

★不利な状況からのトレーニングに関する注意点

クラヴマガでは、不利な状況からのトレーニングを強調していますが、だからといって強烈なヘッドロックを掛けさせておいて、それからディフェンスしようなどと考えないことが大事です（特に頸動脈締めの場合）。たえず、できるだけ早い段階で対応するようにしましょう。

ベアハッグ（P140～147）はよくあるタイプの攻撃で、女性に対するものが多いので注意しましょう。ベアハッグは、そのまま人気のない場所へ連れて行かれるとか、地面に投げ出されるなど、危険な流れになることが多いです。しかし、ベアハッグ自体が差し迫った危険というわけではありません。たとえ相手が体を寄せてきたときでも、動けるスペースだけは作っておくようにしましょう。

③グラウンドファイティング

イエローベルトでは、動き方と蹴り方という、グラウンドのごく基本的なテクニックを紹介しました。オレンジベルトでは、セルフディフェンスに応用できる基本のグラップリングスキル（寝技）も学びます。

こうしたテクニックは非常に強烈な攻撃になりますが、グラウンドファイトのあらゆる局面で使えるというわけではありません。どれも差し迫った脅威に対する瞬間的な対応であって、互いに手を読み合う「チェスマッチ」ではありません（それはまったく別のプログラムになります）。

★グラウンドファイティングへのクラヴマガのアプローチに関する注意点

寝技に強いかどうかとは無関係に、グラウンドファイティングの主目的はつねに一定しています。それは、できるだけ早く立ち上がることです。

グラウンドファイトをしている間は、第2のアタッカーに対して極端に弱く、相手が刃物や鋭利な武器を出してきて刺されてしまうこともあるからです。

ボビングとウィービング

ボビングとウィービングは、パンチを避けるのに使う技術です。すぐに使うことができるので、セルフディフェンスにしか関心がないという人にも有効です。

スターティングポジション

左足を前に出したファイティングスタンスから始める。

1 パンチを打ってきたら、膝と腰を少しずつ曲げ、腹筋を締めて、わずかに体を沈める。必ず両手は上げておく。

2 デッドサイド（相手がパンチを打ってきた側）に逃げながら体を起こす（その場で起こさない）。右のフックであれば左側へ（写真）、左のフックであれば右側へ逃げながら体を起こす。その際、真横でなく、斜め前に起こすと、反撃のポジションをとりやすい。

ヒント！ 屈むときに目線を落とさないようにしましょう。つねに目線を上げて、闘いの全体が見えるようにしておきます。

スリッピング

左右に動いてパンチ（おもにストレートパンチやアッパーカット）を避ける技術です。多くの場合、頭や体を少し動かすだけでスリッピングできます。

スターティングポジション

左足を前に出したファイティングスタンスから始める。

相手がパンチを打ち始めたら、頭を振りながら、パンチのデッドサイドに肩を入れる（写真のような右パンチだったら、自分から見て左側に動く）。パンチを避けられる最小限の動きで行ない、大きなモーションにならないようにする。

1

ポイント！ 横へ動くだけでなく、必ず肩を入れて、すぐに反撃できるようにしておきましょう。

フックパンチ

フックパンチは、一般に相手が接近しているときに有効なパンチです。真っすぐ前ではなく、肘を曲げて、相手のディフェンスを回り込みながら、顔や体の側面を狙うものです。フックパンチを打つときには、体の動かし方が非常に大切になります。

スターティングポジション 左足を前に出したファイティングスタンスから始める。

1 左の拳を送りながら肘を上げ、前腕部が地面と並行になるようにし、肘は曲げたままにしておく。手が標的へ向かうときは、拳の小指側が下を向くようにするのが基本。左の肩と腰を内側に回転させて、パンチの方向にパワーを加え、人差し指と中指のナックル部分を相手の顎やボディに当てる。左足（前足）を返すとさらにパワーが増す。

2 打ち終えたら、元の体勢に戻る。フックパンチを早く戻すには、肘を下げるのがいちばんシンプル。これだけで手がガードのポジションに上がってくるので、あとは体を逆回転させて、通常のファイティングスタンスに戻ればよい。

ヒント！ パンチを打つときに小指を下にするのは、拳頭を保護するためです。ビギナーはこの形から習得し、練習を積んだら、拳を返して手のひらが下を向くようにしてもかまいません。

アッパーカットパンチ

アッパーカットは、角度を変えたフックパンチと考えてください。フックでは、パンチの向かう方向に体を回転させましたが、アッパーでは上向きの回転になります。

スターティングポジション 左足を前に出したファイティングスタンスから始める。

1

腰と膝を少し曲げて屈む（腹筋を締める）。これで体の中心が標的の少し下にくる。屈むのはほんのわずかで、相手の身長に合わせて調節する。拳の小指側が相手のボディの方を向くようにする。

ポイント！ パワーを生み出すのは両足です。右のアッパーも打てるように練習しましょう。

2

肩を内に向かってタテに回転させ、上向きにパンチを打つ。このとき、肘はずっと脇の近くに置いておく（手を腰のところまで下ろすとカウンターをもらってしまうため）。パンチが標的に向かうのに合わせて、両足を使って上向きのパワーを加える。当たる寸前に拳を返し、手のひらが自分の方を向くようにして、パンチに回転力を加える。標的を撃ち抜くようにして打ったあとは、ピストン運動のように拳を引き戻して、元の体勢に戻る。

左-右-左フックのコンビネーション

左ストレートから右ストレート、左フックという速さが求められるコンビネーションです。攻撃するときは角度を変え、できれば高さも変えるようにします。

スターティングポジション 左足を前に出したファイティングスタンスから始める。

1

左のストレートパンチを打つ。パンチを戻すときにフックの準備で手が下がらないよう、顔面をカバーできる位置に手を戻す。

2

左のパンチを戻すのと同時に右のストレートパンチを打つ。パワーを出すために腰を回すが、スタンスは変えない。

3

右のパンチを戻すのと同時に左の腰と肩を入れ、左のフックを打ち込む。

ポイント! 3つのパンチは同じリズムで打ちます。それぞれのパンチを打つ間に、間があってはいけません。各パンチは必ずオーバーラップさせます（パンチを戻してから次のパンチを打つのではなく、戻すと同時に打ち始めます）。なお、パートナーはフックパンチを受けるとき、自分の胸のほぼ中心にミットを構えてください。このとき、指をやや外側に向けて角度を作っておくと、ケガをしにくくなります。

左-右-左フック-右アッパーの
コンビネーション

左ストレートから右ストレート、左フック、さらに右アッパーという速さが求められるコンビネーションです。攻撃するときは角度を変え、できれば高さも変えるようにします。

スターティングポジション 左足を前に出したファイティングスタンスから始める。

1 左のストレートパンチを打つ。パンチを戻すとき、フックの準備で手が下がらないよう、顔面をカバーできる位置に戻す。

2 左のパンチを戻すのと同時に右のストレートパンチを打つ。パワーを出すために腰を回すが、スタンスは変えない。

3 右のパンチを戻すのと同時に左の腰と肩を入れ、左のフックを打ち込む。アッパーの準備で手を下げてはいけない。

4 続けて右のアッパーを打ち込む。元の体勢に戻り、ファイティングスタンスをとる。

ポイント！ パンチは同じリズムで打ちます。2つのストレートパンチとフック、アッパーを打つ間に躊躇してはいけません。

左-右-ボビング-右のコンビネーション

左ストレートから右のストレートのコンビネーションを打ったあと、相手の左フックをかわし、すぐに右パンチで反撃します。

スターティングポジション 左足を前に出したファイティングスタンスから始める。

1
左のストレートパンチを打つ。パンチを戻すとき、フックの準備で手が下がらないよう、顔面をカバーできる位置に戻す。

2
自分の肩の方に向かって、拳を上にして手を引き抜く。同時に、右のストレートパンチを打つ。

3
手を上げたまま屈み、相手からの左フックをボビングでかわす。

4
屈む動きでわずかに後退するかもしれないが、その分だけ、すぐあとの右パンチにパワーが増す。

5
右のクロスパンチを打つ。パンチが遅れないように、ボビングして体が上がってくる途中から打ち始める。元の体勢に戻って、ファイティングスタンスをとる。

左パンチ-右エルボーのコンビネーション

左ストレートから右エルボーのコンビネーションです。

スターティングポジション 左足を前に出したファイティングスタンスから始める。

1

左のジャブを強く打つ。次のエルボーを意識して、ジャブが弱くなってはいけない。ジャブを打ちながら、相手の足の少し外側に出るようにわずかに前進する。それがそのまま次のエルボーの準備になる。

2

右エルボーを放つ。そのあとは、素早く元の体勢に戻る。エルボーでバランスを崩さないように注意する。

左-右-左フック-右エルボーの コンビネーション

105ページの「左-右-左フック-右アッパー」の最後を右エルボーに変えたものです。2つのストレートパンチから、フック、エルボーに移るところで躊躇せず、リズムよく繰り出してください。

スターティングポジション 左足を前に出したファイティングスタンスから始める。

1

左のストレートパンチを打つ。パンチを戻すとき、フックの準備で手が下がらないよう、顔面をカバーできる位置に戻す。

2

左のパンチを戻すのと同時に右のストレートパンチを打つ。パワーを出すために腰を回すが、スタンスは変えない。

3

右のパンチを戻すのと同時に左の腰と肩を入れ、左のフックを打ち込む。このとき右手で顔面をガードする。エルボーの準備で手を下げてはいけない。

4

肘を出せるところまで距離を詰め、続けて右エルボーを打ち込む。すぐに元の体勢に戻り、ファイティングスタンスをとる。

右アッパーカット-左フック-右クロスのコンビネーション

ストレートではなくアッパーカットから入るところが特徴のコンビネーションです。最後の右クロスを右エルボーに換えることもできます。

スターティングポジション 左足を前に出したファイティングスタンスから始める。

1
右のアッパーカットを打つ。パンチに合わせて、両足を使って上向きのパワーを加える。当たる寸前に手のひらが自分の方を向くように拳を返す。

2
打ったあとは、ピストン運動のように拳を引き戻す。必ず右手が顔面の位置にくるようにして、すかさず左フックでフォローする。

3
元の体勢に戻り、すぐに右クロスでフォローする。インパクトの瞬間に体重を乗せる。元の体勢に戻り、ファイティングスタンスをとる。

ヒント！ 最初のアッパーが左フックを呼び込むような感じを意識すると、パンチにリズムが出ます。

サイドキック

フロントキックやラウンドキックと違って、ストンピングのように、踵の底の部分を当てていきます。当たる瞬間は、蹴り足の膝を少し曲げておき、体重は腰を通して蹴り出しと同時に、標的に向かっていくようにします。

スターティングポジション 相手が右側真横にくる位置取りで、ニュートラルスタンスから始める。

1

相手に近い方の足（この場合は右足）を、膝を折って腰上まで上げる。遠い方の足（この場合は左足）の踵は相手に向ける。

ポイント！ 肩は標的から離れる方向に傾きますが、体重は腰を通して標的に向かっていくようにします。

2

踵の底を相手に向かって蹴り出し、同時に腰を相手に向かって突き出す。右足が相手に向かっていくのと同時に軸足（この場合なら左）を返し、踵が相手の方を向くようにする。蹴り足の膝が少し曲がった状態で、右足の踵の底の部分をヒットさせる。素早く足を引きつけて下ろし、ファイティングスタンスで相手と正対する。

前進しながらのサイドキック

前進しながらサイドキックを打てば、距離をカバーできるうえ、パワーも大きくなります。相手に向かって一気に飛び込み、踵の底で蹴り込んだあと、素早く元の体勢に戻ります。

スターティングポジション 相手が右側真横にくる位置取りで、ニュートラルスタンスから始める。

1
遠い方の足（この場合は左足）からスイッチしながら相手に向かってバーストし、一気に間を詰める。

2
遠い方の足を踵から相手に近づけ、近い方の足（この場合は右足）を、膝を折って腰上まで上げる。

3
相手に向かって右足の踵の底で蹴り出しながら、同じ方向に腰も移動させる（パワーや高さがほしい場合は体を左に倒す）。蹴り足の膝が少し曲がった状態で、相手に右足の踵の底の部分をヒットさせる。素早く足を引きつけて下ろし、ファイティングスタンスで相手と正対する。

バックキック

踏みつけるように踵の底の部分で蹴るため、フロントキックやラウンドキックよりも、サイドキックに近いキックです。その場で蹴る練習からスタートして、徐々に小さなステップで蹴る練習に進んでいきましょう。

スターティングポジション ニュートラルスタンスで、肩越しに軽く振り返ったところから始める。

1 右足を膝を折って腰上まで上げ、標的に向かって後ろ向きに蹴り出す。蹴った方向に腰が入るように体を前に倒し、つま先を下に向けたまま、踵で蹴り込む。

ヒント! 肩越しに見たままでは体を倒すことができないので、蹴るときには、腕の間から相手を見るようにします。

2 踵で蹴り込むが、インパクトの瞬間も膝は少し曲げておく。素早く足を引きつけて下ろし、元の体勢に戻る。初めは標的に背中を向けたままの形になってもかまわない。慣れてきたら、体勢を戻しながら軸足（この場合は左足）で回転し、標的と正対するようにする。

アッパーカット・バックキック（ショート）

通常、後ろの敵に対して使うキックです。特に後ろからベアハッグ（146ページ）で両腕を抱え込んで持ち上げられてしまったときに効果的です。

スターティングポジション　ニュートラルスタンスで、肩越しに軽く振り返ったところから始める。

右足を鋭く振り上げ、膝をしっかり曲げながら、踵の部分を当てていく。左足を使って腰を跳ね上げるようにすると、蹴りのパワーが増す。

1

ヒント！　膝を鋭角に曲げてやると、可動範囲がいっぱいに使えます。

前進しながらのフロントキック
(ニュートラルスタンスから)

相手が蹴りの間合いの外にいる場合には、前進しながらのフロントキックが効果的です。前進しながらの蹴りはすべて、足をできるだけ相手に近づけてから放つようにします。このキックはどちらの足でも蹴ることができます。

スターティングポジション
ニュートラルスタンスから始める。

1 一方の足で斜め前にバーストしながら、もう一方の足を膝を折って腰上まで上げる。ステップしてから蹴るのではなく、スイッチの動きを使って、2つの足を同時に動かす。

2 フロントキックを打つ。蹴ったあとの足は、やや外側に下ろす。

ヒント！ スイッチするときに飛び上がらないように。両足が地面を摺るくらいがベストです。

サイドキック（またはバックキック）から ハンマーフィストのコンビネーション

サイドキックやバックキックのあとで、いちばん行ないやすい攻撃は、蹴った側の手を使った水平打ちのハンマーフィストです（写真はサイドキック）。

スターティングポジション

相手が右側真横にくる位置取りで、ニュートラルスタンス（またはファイティングスタンス）から始める。

1

サイドキック（またはバックキック）を打ったら、すぐに蹴り足を戻して、ハンマーフィストの打ちやすい位置に着地させる。標的の少し外側よい。

2

蹴り足を下ろすと同時に横へのハンマーフィストを打ち込む（47ページ）。

3

標的を打ち抜くようにインパクトの瞬間に体重を乗せ、左のストレートパンチを打つ（39ページ）。

4

相手の右腕と右肩をつかみ、相手の体を下向きに引きながら、左の膝を鋭く蹴り出す（59ページ）。

右パンチに対するインサイドディフェンスから反撃（1つのパンチによる反撃）

ストレートパンチのディフェンスをマスターしたら、それに反撃を加えて、次の攻撃を防ぐようにしていきましょう。ディフェンスと同時にボディに反撃するだけの時間がないことも多いので、1つのパンチだけでも反撃できるようにします。

スターティングポジション　左足を前に出したファイティングスタンスから始める。

1　相手の右パンチがきたら、それに合わせて左手でインサイドディフェンスを行なう。

2　そのまま相手の右手をずらし、一気に踏み込んで右パンチを顔面に打ち込む。ディフェンスから間を置かず打つようにする。

ヒント！　相手の右手を下方向にずらす方法もあります。いずれにしても、相手の手が反撃の邪魔にならないようにすることが大切です。

右パンチに対するインサイドディフェンスから反撃（2つのパンチによる反撃）

ディフェンスと同時に一気に踏み込んで、パンチを2つ連続で打ち込んでいきます。

スターティングポジション 左足を前に出したファイティングスタンスから始める。

1

相手の右パンチがきたら、それに合わせて左手でインサイドディフェンスを行ない、そのまま相手の右手をずらす。

2

ディフェンスから間を置かずに、一気に踏み込んで右パンチを顔面に打ち込む。

3

そのままのスタンスで、膝を使って左腰を返して、左パンチを叩き込む。

短時間で反応できる人は、最初のディフェンスの段階でバーストしていきましょう。相手の手は反撃の邪魔にならないように、少しだけずらせれば十分です。

左パンチに対するインサイド
ディフェンスから反撃（1つのパンチによる反撃）

相手の左パンチに右手でインサイドディフェンスを行ない、同時に左拳でパンチを打ち込みます。

スターティングポジション 左足を前に出したファイティングスタンスから始める。

1 相手の左パンチがきたら、それに合わせて右手でインサイドディフェンスを行なう。

2 同時に腰の回転を使いながら、一気に踏み込んで、左パンチを顔面に打ち込む。

ヒント！ 手でのディフェンスにボディディフェンス（65ページ）を併用できるようになると、相手との間を詰めやすくなり、より強い反撃ができます。

左パンチに対するインサイド
ディフェンスから反撃(左手を使うパターン)

決して推奨できるディフェンスではありませんが、右手を痛めているときや、相手の攻撃を読み間違えたとき、あるいは悪い体勢を立て直そうとするときなど、実戦では、左のパンチを左手でディフェンスしなければならないこともあります。

スターティングポジション 左足を前に出したファイティングスタンスから始める。

1 相手の左パンチがくるのに合わせて、左手を使ってインサイドディフェンスを行なう。ふつうのディフェンスは、攻撃してくる手の外側に自分の手を当てるが、この場合は内側に当てる。パンチをそらすと同時に、自分に手のひらが向くように手首を鋭く回転させる。できるだけ相手の手首の近くに置いておくと、安全度が増す。

2 すぐに左手のハンマーフィストを相手の顔面に打ち込んでいく。反撃するときには、左前腕を上げ、顎を引き、顔面をガードする。相手の右パンチをもらわないためだ。

ヒント! ハンドディフェンスには、つねにボディディフェンスを併用するようにする。ボディディフェンスは、相手の肘が回り込んできた場合に備えて、通常よりやや大きめにとる。

フックパンチに対するディフェンス
（エクステンデッド）

62ページの「360度ディフェンス」のように、フックパンチに対して行なうものです。攻撃を止める「ストッピング」のディフェンスとなります。攻撃は外側からくるので、外向きの動きでディフェンス（アウトサイド・ディフェンス）します。

スターティングポジション 左足を前に出したファイティングスタンスから始める。

1

相手のフックを、同じ側の手の前腕部で受ける。手は拳を作って肘を曲げて、手の甲を相手のフックに向け、できるだけ相手の手首に近いところに当てて受ける。万が一、相手の肘に当たってしまうと、パンチがディフェンスした自分の腕を回り込んでしまう。手でのディフェンスだけでなく、ボディディフェンスも行ない、頭を前に出しながら少し内側に入れてやると、フックパンチを避けやすくなる。

ヒント！ このディフェンスは通常、体の前ではなく、肩の辺りから外側で行ないます。同じ体勢から360度ディフェンスに移ってもかまいません。

フックパンチに対するディフェンス
（カバーリング）

相手のフックを腕でカバーしてディフェンスするテクニックです。前腕と上腕二頭筋が頭部や顔をがっちりガードします。ただし、肋骨部分が空いてしまう欠点があります。また、どうしても反撃が遅れ気味になるため、特にナイフでの攻撃には役に立ちません。

一般的には、前項の「エクステンデッド」ディフェンスの方を推奨しています。

スターティングポジション

左足を前に出したファイティングスタンスから始める。

1

右フックがきたら、それに合わせて自分の左の拳を引きつける。拳は後頭部に触れるくらいで、上腕部を側頭部に押しつける。肘は相手に真っすぐ向けておき、決して開かないこと。肘が開いていると、顎にアッパーカットをもらってしまう。

ヒント！ 手を頭の横にもってくるだけではディフェンスになりません。路上ではグローブをはめていないため、手だけではガードにならず、逆に痛めてしまうこともあります。後ろまでしっかり手を引いて、前腕部で頭を守るようにします。

Complete Krav Maga | **121**

アッパーカットパンチに対するディフェンス

アッパーカットパンチの向きを変え、相手の意図した標的からそらすリダイレクトのディフェンスです。64ページの「ストレートパンチに対するインサイドディフェンス」と、原理は同じです。

スターティングポジション 左足を前に出したファイティングスタンスから始める。

1

相手のアッパーカットパンチが動き始めたら、ミラーサイド（この場合は左）の腕を内向き、斜め上に動かす。

2

肘のリードで動かすようにして、自分の腕が相手の腕の外側に当たるようにする。

3

そのまま、自分の手と前腕部を返してパンチを外していく。腕の動きに合わせて体を回転させ、頭をアウトサイドに出してボディディフェンスをとる。

ヒント！

アッパーカットとストレートパンチのインサイドディフェンスは、まとめて覚えておきましょう。すなわち「攻撃してくるのと同じ側（ミラーサイド）の腕でディフェンスする」「腕は内向きに動かす」「パンチの方向をそらす」の3点が大切です。

360度ディフェンスからの反撃

「ディフェンスと同時に攻撃する」のが、クラヴマガの原理の1つです。なかでも360度ディフェンスは、反撃を同時に行ないやすいディフェンスです。

スターティングポジション 左足を前に出したパッシヴスタンスから始める。

1
相手の攻撃を360度ディフェンスで防御しながら、一瞬の隙を見逃さないように神経を集中させる。

2
空いた手で顔面にパンチを打ち込む。パンチはディフェンスと同時に打つのが基本。

ヒント！ トレーニングは、いろいろな状態から始めましょう。自分の準備状態がよいときは、バーストを使って一気に距離を詰めます。遅れたときには足を動かす余裕がないので、その場でディフェンスし、膝と腰を使って、体重を乗せて反撃します。

フロントキックに対する反射的なディフェンス

攻撃を予期していなかったために、本能で反応するしかないときに行なうディフェンスです。アタッカーは、ディフェンダーが両手を下げている状態でキックを打ち始めます。

スターティングポジション
ニュートラルスタンスから始める。

1

相手が左キックを打ってきたら、それに合わせて腰を折り、早いポイントでキックに届くように、右手を体の前で払うように動かす。その際、腕に力を入れ、指や手首は真っすぐに伸ばしておく。できるだけキックと角度を作らないようにする。

2

相手のキックを払ったと同時に右足を踏み込み、左肩を前に入れてパンチを打つ。

ヒント！ ディフェンスする腕が過伸展しないように、肘をわずかに曲げておきます。

フロントキックに対するアウトサイドの
スタビングディフェンス

バランスを崩したときや、ケガをしているなどの理由で、足を使ったディフェンスができないときに行なうものです。キックの方向が変わったら、右腕を外へ動かし、より安全な防御姿勢をとります。

スターティングポジション

左足を前に出した、バランスを崩した状態から始める。

相手のキックに合わせて、後ろ足側の手（この場合は右手）を、相手の膝の外側面に「スタブ（突き刺す）」ようにしてディフェンスする。このとき、相手に向けてやや斜めにバーストする。脇を締め、手の小指側が自分の方に向くようにすると、腕が真っすぐに伸び、キックに対して角度ができなくなる。両肩はつねに相手と正対するようにする。肩を入れてしまうと、キックが自分の側面に向かってきてしまう。また、キックのすぐあとにパンチがくる場合もあるので、必ず左手を上げて顔面をガードしておく。キックの方向が変わったら、右腕を少し外へ動かし、より安全なディフェンスをとる。

> **ヒント！** 相手がパンチを打ってこなかったら、自分から前の手（この場合は左手）でパンチを打っていきます。できるだけ防御と同時に打ち、さらに右のパンチなどを畳みかけます。相手がパンチを打ってきたら、左手でディフェンスしてトラップし、右手で反撃します。

ローからミドルのフロントキックに対する
プラッキングディフェンス

左右の手を換えれば、ライヴサイドにもデッドサイドにも使えるディフェンスです。一般的にはライヴサイドの方がすでに腰が回っている分、ボディディフェンスが容易なため、ディフェンスしやすくなっています。もちろん、いつでも好きな方を選べるわけではありません。

スターティングポジション
左足を前に出したファイティングスタンスから始める。

1
相手のキックが上がってきたら、それに合わせて右手を伸ばしていく。前腕部を蹴られないように、キックに対して角度を作らないようにする。

ポイント! このテクニックには速い動きが不可欠です。ディフェンスする腕を一瞬で動かすようにします。

2
手がキックを通り越したら、後ろに向かってプラッキングして（引き寄せて）、斜め前に自分の体をさばくことによって、ボディディフェンスをとる。

3
写真のようにライヴサイドにプラッキングしていれば、前方にバーストした段階で、ファイティングポジションがとれるので、右手で反撃する。

ハイ・フロントキックに対する
インサイドディフェンス

ハイ・フロントキックに対しては、相手の攻撃を意図した標的からそらすリダイレクトのディフェンスで対応します。攻撃をかわして、そのまま反撃に転じます。

スターティングポジション
左足を前に出したファイティングスタンスから始める。

1

相手のキックがきたら、それに合わせて前の手（この場合は左手）の前腕部を、自分の顔と上体の前を横切るように動かす。手首を返して、前腕部分の小指側を使い、蹴りをリダイレクトする。その際、左の肩を内向きに、右の肩を外に向かって回し、ボディディフェンスをとる。

2

そのまま反撃に移り、ディフェンスを終えた左手でのハンマーフィストか、右のクロスパンチ（もしくは両方）を打つ。

ロー・ラウンドキックに対するディフェンス(脛受け)

相手がローを蹴ってきた場合、近い方の足でディフェンスするのが原則です。膝を上げ、飛んでくるキックの方に向けます。

スターティングポジション 左足を前に出したファイティングスタンスから始める。

ヒント! 相手が左のローを蹴ってきたら、逆(後ろ)の足を使います。ただし、前の足を狙う左ラウンドキックなら、前の足でディフェンスしてもかまいません。

1

相手が右のラウンドキックを打ってきたら、それに合わせて左の膝を上げる。角度は外向き45度で、飛んでくるキックの方に向ける。このとき、つま先を引き上げると、ふくらはぎの筋肉が収縮し、脛を守ることができる。ローキックよりも高いキックがきた場合は、左腕を上げ、肘をディフェンスする足(この場合は左足)の腿につけて、足先から拳まで完全な壁を作る。

2

脛の中央から上の部分が相手の足首に当たるようにディフェンスする。当たる瞬間に脛を少し「たわめる」ようにすると、衝撃吸収の効果が得られる。その跳ね返りを利用して、蹴り足を押し返す。

ロー・ラウンドキックに対する
ディフェンス（腿受け）

相手がロー・ラウンドキックを出してきた場合、腿の前側の強い筋肉で衝撃を受けとめます。腿の横は痛みが大きいので、必ず正面で受けるようにしてください。

スターティングポジション
左足を前に出したファイティングスタンスから始める。

1

相手が蹴り出したら、母指球を軸にして左足を回し、飛んでくる蹴りの方に膝を向ける。少し膝を曲げて、大腿四頭筋（腿の前側の筋肉）を伸ばし、腿の強い筋肉で衝撃を受けとめる。腿の横で受けるのは、痛みが大きいのでよくない。

2

キックを受け止めると同時に、ライヴサイド側の手で反撃する。

股間を狙ったフロントキックに対する
ディフェンス（脛でのリダイレクト）

フロントキックに対するディフェンスは2つあります。こちらの脛でのリダイレクトは基本ですので、ぜひマスターしてください。

スターティングポジション
左足を前に出したファイティングスタンスから始める。

1 相手のキックがくるのに合わせて、左の膝を上げて、股間を防御する。このとき、膝を曲げ過ぎるとキックに対して角度ができてしまうので、膝から下が垂直になるくらいにする。相手がキックをしてきたら、脛で相手の蹴り足の外側をスライドするようにする。当たる瞬間にキックの方向をそらし、股間から離れるように流す。

フロントキックに対する
ディフェンス（ストップキック）

フロントキックに対するディフェンスは2つあります。こちらのストップキックは非常に効果的ですが、事前に相手のキックが見えていることが大前提となるため、難易度は高まります。

スターティングポジション

左足を前に出したファイティングスタンスから始める。

相手のキックがくるのに合わせて、サイドキックの準備のような感じで左の膝を軽く上げる。つま先を内側に向け、相手の脛を踏みつけるように蹴る。タイミングが早ければ、相手の膝を蹴ってもかまわない。

1

ポイント! 　膝を上げるとき、高く上げ過ぎないこと。上げ過ぎると精度やスピードが落ちます。

壁際で正面から首絞めされたときのディフェンス

74ページの「正面から押されながらの首絞めに対するディフェンス」をしっかりマスターしてから取り組みましょう。

スターティングポジション
ニュートラルスタンスで構え、相手が首を絞めてきて、壁に張り付けにされた状態から始める。

1
壁を背にしたまま、一方の手（写真は右手）を真っすぐ上に突き上げる。右の上腕二頭筋から肩の部分が耳につくくらいまで上げる。

2
体を鋭く左に回す。このとき左の肩を落とし、壁から体と頭が離れないようにする。

3
少し膝を曲げながら、右腕をエルボーの形で垂直に下ろすと、相手の手が外れる。同時に左手を上げてきて、相手の両手をトラップする。

4
右の肘を、体重を乗せて相手の顔面に打ち込む。

5
膝蹴りなど、そのまま反撃を続ける。

ヒント！
壁側の肩を下ろすことは非常に大切です。肩を水平にしたまま回転すると、かえって喉への圧力を強めます。肩を落として回転すると、スムーズに喉の手が外れます。

壁際で後ろから首絞めされたときのディフェンス

76ページの「後ろから押されながらの首絞めに対するディフェンス」の原理をそのまま利用します。

スターティングポジション

ニュートラルスタンスで構え、相手が後ろから首を絞めてきて、壁に張り付けにされた状態から始める。

1

一方の手（写真は右手）を壁に沿って高く上げ、鋭く回転して相手の方を向く。前ページの「正面からの首絞め」と違って、こちらは上げる手を選べない。壁に押しつけられた状態では、顔が必ず左右どちらかを向いているので、向いている方の手を上げる。そして、顔の向いている方に回転し始めると同時に、逆側の肩を下げて、壁から体と頭が離れないようにする。

2

肘を下げて相手の両手を外したら、そのまま体と腕で挟み込む。

3

相手の右腕をとり、壁に押さえつけるのと同時に、エルボーやパンチで反撃に転じる。

4

右腕を押さえ込んだまま、最後は膝蹴りの連打でフォローする。

後ろから引かれながらの首絞めに対するディフェンス

スターティングポジション

ニュートラルスタンスで構え、相手が後ろから首を絞めて引っ張ってきた状態から始める。

相手が首絞めを仕掛けながら、後ろへ引っ張ってきた場合の対処法です。実戦を想定して、トレーニングでも、引っ張られてバランスを崩した状態から反撃します。

> **ヒント！**
> STEP4で回転しながらバーストするのには、次の3つの目的があります。「①相手の手首にかかる圧力を強める」「②バランスを取り直すのに役立つ」「③相手のほかの武器から離れる」です。

▼

1

相手が首を絞めて後ろへ引っ張ってきたら、バランスをとるために一方の足を少し後ろへ下げ、プラッキングの動きをする。いずれも本能的な動きである（トレーニングは、必ず小さなステップで行なう。不意を突かれたときに大きなステップをすることはない）。

2

相手の片手をブラックしたら、後ろの足の方にステップして、鋭く回転する。このとき相手の手のホールドをほどかないようにする。

3

回転しながら反対側の足で前方にバーストすると、相手の一方の手が外れる。ホールドしたままの相手の小指側に自分のもう一方の手を重ね、手のひらの底の部分で押しながら、相手の手が自分の体のほぼ正面にくるようにする。

4

すかさずフロントキック（場合によっては母指球を使ったラウンドキック）を相手の股間に打ち込む。さらに膝側面へのサイドキックなどでフォローすることもできる。

後ろからのヘッドロック
（パーアームに対するディフェンス）

相手が前腕部を首に回して喉を潰しにきたときの対処法です。素早く脱出し、すぐに反撃に転じてください。

スターティングポジション
パッシヴスタンスで、相手が後ろから首に腕を回してきた状態から始める。

1 可能なら自分の顎を回して、下顎を相手の肘の部分からグリップ（手と手を結んでいる部分）の方へずらす。顎を引いて、相手のグリップに向けて両手を上げていき、とにかく両手を一方の肩越しに、後ろ向きに伸ばし、確実に相手の手に届くようにする（うまくいけば目つぶしの効果も期待できる）。

2 自分の胸に沿って一気に両手を引き下げてブラックする。同時に、インサイドの肩を鋭く内向きに回転させてスペースを作る。

> **ヒント！**
> 自分の胸に沿って腕を引き下ろすことで、首絞めに対して90度の角度でプラックすることができます。ディフェンス全体を理解するうえで重要な考え方です。両手は同時に動かすのがベストですが、相手に近い方の腕が先に届いてしまう場合もあります。そうなったときは、すぐにもう一方の腕を伸ばして、必ず両手でプラックするようにしましょう。

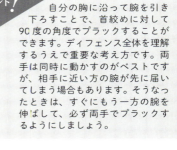

▼

3

空いたところから頭を引き抜く。

4

すぐに反撃する。キック、膝、拳など、反撃方法は得意なものでよい。

後ろからのヘッドロック
（頸動脈締めに対するディフェンス）

首に腕を回し、肘の曲がった部分を喉に当ててくる頸動脈締めはバーアームよりも危険です。首の横の頸動脈を圧迫して、脳への血流を止めて落とされたり、手慣れた相手だと、後ろの腕を首の後ろに当てて圧力を加えつつ、首絞めの弱点をカバーしてきたりします。ディフェンスの仕方は前項のパームアームと基本的に同じですが、警戒心と即座の反応が求められます。

スターティングポジション ニュートラルスタンスで、相手が後ろから首に腕を回してきた状態から始める。

1
可能なら自分の顎を回して、下顎を相手の肘の部分からグリップ（手と手を結んでいる部分）の方へずらす。顎を引く。

2
相手のグリップに向けて、後ろへ両手を伸ばす。両手を一方の肩越しに、しっかりと後ろへ伸ばし、確実に相手の手に届くようにする（うまくいけば目つぶしの効果も期待できる）。

3
自分の胸に沿って一気に両手を引き下げてプラックする。同時に、インサイドの肩を鋭く内向きに回転させてスペースを作る。

4 空いたところから頭を引き抜く。

5 すぐに反撃する。キック、膝、拳など、反撃方法は得意なものでよい。

> **ヒント！** 頸動脈絞めのディフェンスでは、相手のグリップに両手を伸ばすとき、たいてい離れた方の手が先に届きます。しっかりとつかんだら、もう一方の手がすぐに追いつくようにしてください。必ず両手でプラックするようにしましょう。

正面からのベアハッグに対する
両手が使えるときのディフェンス（基本）

両手が空いていて、動けるスペースがあれば、手近な武器を使うことができます。しかし、テイクダウンされる危険性も高まります。レスラーはこの「差し」の状態からテイクダウンに持っていきます。そうならないようにディフェンスしつつ、最大のパワーで反撃しなければなりません。

スターティングポジション

ニュートラルスタンスで、相手が正面からベアハッグを仕掛けてきて、こちらの両手が空いている状態から始める。

1 相手がベアハッグを仕掛けてきたら、腰と足を後ろに引いて重心を落とし、持ち上げられないようにする（「スペース・アンド・ベース」）。相手の腕の外から両手を伸ばし、相手の腰の辺りに当てる。

2 すぐに膝蹴りを連打する。状況に応じて、両手を放して攻撃を続けるか、相手をふりほどいて距離をとる。

ヒント！ 相手が大き過ぎて、腰の近くに手を当てるのが難しい場合は、膝を使って突き放したり、次ページで紹介する「首へのテコ」のテクニックを使います。

正面からのベアハッグに対する両手が使えるときのディフェンス（首へのテコ）

前ページのディフェンスを発展させた形です。スペースが限られていたり、バランスを崩して膝蹴りを出すことができないときに使います。

スターティングポジション

ニュートラルスタンスで、相手が正面からベアハッグを仕掛けてきて、こちらの両手が空いている状態から始める。

1

ベアハッグで締めつけるとき、相手のほとんどは顔を左右どちらかに向けて胸に押しつけてくる。そこで、逆の腕を相手の頭に回し、側頭部の髪をつかむ。髪の毛がない場合はさらに腕を伸ばし、鼻をつかんで目に指を入れる。

2

髪をつかんだら、相手の頭をひねって顔を引き剥がす。相手の下顎が回転して、体から離れていく。その際、もう一方の手で補助してもよい。そのときは、手のひらの底の部分を下顎側面に当てて押してやる。

3

相手の体が離れたら、バックへステップして、倒れるスペースを作ってやる。ストレートパンチかハンマーフィストパンチで反撃する。

> **ヒント！** 相手の顔と同じ側の手を使うこともできます。その場合は、親指と人差し指の間の「水かき」の部分を相手の鼻の下に当てて、下顎を上げさせます。

Complete Krav Maga | 141

正面からのベアハッグに対する両腕を抱え込まれたときのディフェンス（スペースがある場合）

「スペースがある場合」とは、足下が安定していて、相手との間にわずかな距離がとれる状況を言います。こうした場合には、すぐにストンピングや股間へのキックで反撃に移ります。

スターティングポジション

ニュートラルスタンスで、相手が正面からベアハッグを仕掛けてきて、腕ごと抱え込まれたが、いくらかスペースがある状態から始める。

1

右足を後ろに引き、重心を落とす。同時に両手のひらの底の部分を相手の腰にあてがって、相手がこれ以上体を寄せられないようにする。

2

股間またはボディに右の膝を打ち込む。

3

スペースができたら、すぐにインサイドの手を上げ、前腕部を相手の首に当てて、相手の体をコントロールする（踏み込まれないようにする）。

> **ヒント！** スペースがあれば、ストンピングや股間へのキックで反撃してもよい。

正面からのベアハッグに対する両腕を抱え込まれたときのディフェンス（スペースがない場合）

相手が正面からベアハッグで密着してきたら、反撃するためには、まずスペースを作らなければなりません。

スターティングポジション

ニュートラルスタンスで、相手が正面からベアハッグを仕掛けてきて、腕ごと抱え込まれた密着した状態から始める。

1

ベアハッグにこられたら、片手または両手を相手の股間に持っていく。反射的に相手は腰を後ろに引くので、スペースが生まれる。

2

両方の手のひらの底を相手の前腰にあてがって、体を寄せられないようにする。

3

股間またはボディに膝蹴りを打ち込む。

4

スペースができたら、すぐにインサイドの手を上げ、前腕部を相手の首に当てて、相手の体をコントロールする（踏み込まれないようにする）。

> **ヒント！** 手で股間を打つためには、腰を少し後ろにずらし、オープンサイドの手を使います。もちろん、打つ代わりに、つかんだり、ねじったりしてもかまいません。

後ろからのベアハッグに対する
両手が使えるときのディフェンス

反撃してエスケープするためのスペースが作れることを前提にしたディフェンスです。スペースを作れない場合については、グリーンベルトのテクニック「後ろからのベアハッグに対するディフェンス（指へのテコ）」（198ページ）を参照してください。

スターティングポジション

ニュートラルスタンスで、相手が後ろからベアハッグを仕掛けてきて、両手は空いている状態から始める。

1

後ろから抱えられたら、すぐに重心を落として体重を前にかけ、持ち上げられないようにする（スペース・アンド・ベース）。

2

相手の顔面を狙って、後ろ向きにエルボーを飛ばす。必ず両方から「ワン・ツー」のコンビネーションで打つ。

3

エルボーでスペースができたら、体を回して反撃を続ける。エルボーを打ってもスペースができない場合は、足へのストンピング、脛への踵蹴り、股間へのアッパーカット・バックキックなどで攻撃を続ける。

後ろからのベアハッグに対する両腕を抱え込まれたときのディフェンス

前項の「後ろからのベアハッグに対する両手が使える状態でのディフェンス」と基本的な考え方は同じです。両腕が使えないため、相手の下半身に攻撃を仕掛け、スペースを作ります。

スターティングポジション
後ろからベアハッグで両腕ごと抱えこまれたが、まだいくらかスペースがある状態。

1

相手がつかみかかってきたら、すぐに重心を落として、持ち上げられないようにする(ただし、強く締めつけられている場合は難しいことも)。

2

腰を振って、片手で後ろ向きに相手の股間を打つ。これで腰を引かせ、スペースを作る。

3

足へのストッピングや股間へのバックキック、脛への踵蹴りなどで反撃を続ける。体重を移動したり、もがいたりして、しっかりとホールドされないようにする。

> **ポイント!** 股間打ちにはダメージを与える目的もありますが、動くことで相手にしっかりホールドをさせないことがより重要です。

4 少しスペースができたら、ボディへのエルボーなど、相手を遠ざけるように反撃を続ける。

5 十分なスペースができたら、反転して相手の方に向き直り、なおも反撃を続ける。

マウントからのパンチに対するディフェンス（腰での跳ね上げ）

仰向け状態からマウントをとられてパンチを連打されるのは、うつ伏せでのマウントに次ぐ2番目に悪いポジションです。簡単に逃げ出せませんが、腰を使って跳ね上げることで、パンチを打ちにくくし、少なくとも連打を防げます。グラウンドでのディフェンスの基本的な原理の1つです。

スターティングポジション
グラウンドで仰向けになり、相手が馬乗りのマウントになった状態から始める。

マウントをとられた状態でも、なんとかよいポジションをとる必要がある。相手を腰の上にキープすることが重要で、その状態を保てれば、腰を使って相手を跳ね上げることができる。それにはまず脇を締め、両手を顔の近くに持ってくる。そして、肘を相手の腿ないし膝に当てて、顔の方へ上がってくるのを防ぐ。寝技の得意な相手なら、膝を脇の下へ入れようとしてくるが、侵入を許すと腕が動かせなくなり、相手を腰の上にキープできなくなる。

1

パンチが飛んできたら、それに合わせて腰を反らし、相手のバランスを崩す(腹の上にテニスボールを乗せておいて、それを頭越しに飛ばすような感覚。腰は自分の頭の方へ動かす)。相手は両手を着いて(ベースアウトして)体を支えようとしてくるので、そこで次項の「トラップ・アンド・ロール」のチャンスが生まれる。少なくともパンチは打てなくなる。

2

> **バリエーション**
> 相手との距離が近い場合、相手に抱きついて胸に抱え込む方法もあります。相手はパンチは打てなくなるので、トラップ・アンド・ロールにつないでいきます。

両手はつねに上げておくこと。跳ね上げたからといって、相手がまったくパンチを打てなくなるわけではない。つねにインサイドディフェンスやアウトサイドディフェンスができるように備えておく。

3

> **ヒント!**
> 腰を反らすと、ロデオのカウボーイのように体重を後ろに持っていき、バランスをとろうとする相手もいます。その場合、トラップ・アンド・ロールはできませんが、相手は後ろに体重をかけているため、強いパンチを打ちにくくなります。ただし、このテクニックやバリエーションを試みるときには、アームバー(腕十字固め)を掛けられる危険があるので、決して腕を伸ばさないように気をつけてください。

フルマウントに対する
トラップ・アンド・ロール

ここでは特定の流れのなかで説明しますが、トラップ・アンド・ロールの原理はさまざまな状況に応用できます。基本的な考え方は、マウントをとった側はバランスを崩すと、必ず両手・両足を地面に着いて（ベースアウトして）体を支えるということです。片方の腕または足をトラップすれば、相手をロールする（転がす）ことができます。

スターティングポジション
グラウンドで仰向けになり、相手が馬乗りのマウントになった状態から始める。

腰を跳ね上げて相手にベースアウトさせる。

安全のために
練習時のアタッカーは腕をとられたら、躊躇せずに手のひらを上に向けるようにします。体勢が入れ替わったときに、手首を痛めるのを防ぐためです。

片腕を伸ばして相手の一方の腕をトラップする。上からインサイドアウトでトラップしても、下からアウトサイドインでトラップしてもいいが（上からの方がしっかりホールドできるが、時間がかかる）、必ず肘から上の部分をつかまえる。腕と同時に足を使って、とった腕と同じ側の足をトラップする。

バージョン

相手が両手をついたときは、まとめて両腕を抱え込み、トラップする方法もある。片手と同様に、肘部分をつかまえて自分に引き寄せることで、相手のバランスを崩す。

3 腰を使って相手を頭の方へ跳ね上げる。動きの最後のところで、トラップした側に腰をロール（回転）させる。両足を使って体勢を入れ替える。

> **ヒント!**
> 寝技に熟達した相手だと、簡単に腕をとらせてはくれません。そういうときは、たとえ一度で腕がとれなくても、何度も腰を跳ね上げて、とにかくベースアウトさせることです。ベースアウトさえさせれば、少なくとも相手はパンチを打てません。衣服をつかんだり、両手で相手の手首をつかんだりするなど、思いつくかぎりの方法を試してください。

4 最終的に上になりながら、動きのなかで打撃を加えていく。目標は顔面に打撃を打ち込むことだ。抵抗されてできない場合には股間を打っていく。

5 エスケープする（エスケープの方法については156ページ）。

マウントからの首絞めに対する
ディフェンス

仰向けでマウントをとられての首絞めは危険な状態です。首絞めに対して、危険なところ（この場合は喉）に両手を持っていくのが本能的な反応です。この反応を生かして、ディフェンス、そして反撃へと移ります。

スターティングポジション

グラウンドで仰向けになり、馬乗りになった相手が首を絞めてきた状態から始める。

1 親指以外の4本の指を曲げ、親指をきっちりとつけて、手を鉤（フック）の形にする。相手の手にかぶせ、両腕の内側に差し込む。

2 相手の親指に近いところを引っかけて、一気に外へと引き剥がす（プラックする）。ヘッドバッドされないように顎を引く。

3 プラックと同時に、トラップした足側の肩に向かって、腰で相手を跳ね上げる。両手をとっているので、相手はベースアウトできない。

ヒント！ 68ページの「正面からの首絞めに対するディフェンス」と同じように、プラックが終わった状態では、相手の両手が自分の両肩に固定されているはずです。

4

体勢を入れ替える。最終的に上になりながら、動きのなかで打撃を加えていく。目標は顔面にエルボーやパンチなどの打撃を打ち込むことだ。抵抗されてできない場合には股間を打っていく。

> **ポイント！** ブラッキングから腰での跳ね上げは、途中で動きが止まると成功しないので、2つの動きをほとんど同時に行ないます。相手が寝技の経験が豊富な場合、単純な首絞めではなく、首を圧迫してきたり、胸で顔面を押しつぶしてきたりと、危険な仕掛けをしてくることもあるので注意が必要です。

5

できるだけ早く立ち上がる（このポジションからのエスケープについては、156ページ）。

マウントでのヘッドロックに対する
ディフェンス

寝技の経験が少ない相手だと、マウントポジションからヘッドロックを仕掛けてくることがよくあります。また、相手がレイプ目的の場合、この攻撃を仕掛けて、ディフェンダーの耳元で罵ったり、卑猥な言葉を囁いたり、キスをしてきたりします。

スターティングポジション
グラウンドで仰向けになり、馬乗りになった相手がヘッドロックを仕掛けてきた状態から始める。

1 相手が体を寄せて体重を掛けてきたら、ホールドしてくる方の腕をトラップし、同時に同じ側の足もトラップする。

2 腰を跳ね上げ、アーチがいちばん高くなったところで、トラップした側へ向けて回転する。これでふつうは相手のガードの中に入る形になる。

▼

3 それでもまだホールドを放さないようなら、前腕部の外側を顔面に押しつけたり（「クロスフェイス」）、爪を立てて顔面をかきむしったり、前腕部を顎に押しつけたりして、手を離させる。

4 ホールドがほどけたら、すぐに打撃に移る。

5 これまでのテクニックを応用して、ガードから逃れる。

ボトムポジションからの
シュリンプによるエスケープ

トラップ・アンド・ロールに代わるテクニックとして、シュリンプによるエスケープがあります。このエスケープは、両手を使っている時間が長く、その間、顔面の防御ができないため、トラップ・アンド・ロールよりも危険度が勝ります。しかし、大きい相手や手慣れた相手に対しては、エルボーエスケープの方が効果的なことも多くあります。

スターティングポジション
グラウンドで仰向けになり、
相手が馬乗りになった状態から始める。

▼

1

片手または両手を地面と相手の右膝の間に差し込んでスペースを作り、体を回して左の腰を下にする。右足の裏で踏ん張って、エビのように体を丸めながら（シュリンプ）、両手で相手の右膝と左腿を押して左足を抜く。

2

今度は逆方向に体を回して、右の腰を下にする。左足の裏で踏ん張ってシュリンプし、両手で相手の左膝と左腿を押して右足を抜く。

3

すぐに両足で相手をトラップする。

4

両方の足が外に出たら、相手をガードの中に引き込む。または、そのまま蹴り飛ばして立ち上がることもできる。

マウント：トップポジション

相手から攻撃を受けてファイト中に、自分がマウントをとって有利な状況になったとき、どうするべきかを説明します。

マウントの維持

ポジション①

マウントをとったら、まずは「安定した状態＝土台（ベース）」を維持する。ディフェンダーの体重移動を感じとって、対応していけるようにしておくこと。腰が浮かないように、腰の位置を自分の踵の近くに保ち、膝は状況に応じて締めたり開いたりしてベースを安定させる。

ポジション②

必要に応じて両腕を広げて地面につける。このとき、相手が腕を取りにきたらすぐに引っ込めて取られないようにする。

> **ヒント！**
> マウントをキープするには、体を起こして体重を後ろにかける方法もある。ディフェンダーの腰の上にしっかり乗っていれば、跳ね上げられることはない。ただし、強いパンチは打てない（または届かない）ので、パンチを打つには体重を前にかける必要がある。

▶

ポジション③

相手の胸の上へ移動して、両膝を脇の下に挿す方法もある。このポジションになれば、下の者が顔面へのパンチを防ぐのは難しい。

攻撃

ポジション④

両手を地面に着け、体重を相手に預けることで、頭や体に打撃を入れることができる。この体勢からは、手のひらでの打撃、肘、ヘッドバットがもっとも効果的だ。打ったら必ず元の体勢に戻ること。

 ▶

ポジション⑤

さらに強い打撃を入れるには、体を起こして体重を後ろにかけてから、もう一度体重をかけてパンチや肘を打ち下ろしていく。

相手の腕を胸に押しつけておいての跳ね起き

マウントは有利なポジションですが、第三者から攻撃を受けそうになったり、何かの理由で相手から離れるために、立ち上がる必要も出てきます。

スターティングポジション
相手が仰向けで、自分がマウントの状態から始める。

1
体を起こして体重を後ろにかけた体勢から、相手の両腕を胸に押しつける。腕の力だけでなく、体重をかけるようにする。

2
両足を地面に着け、手も相手の腕を押さえておく。片方の足を上げて相手をまたぎ、体を回して相手の頭の近くに立つ。

3
立ち上がり、相手から離れる。

ポイント！
相手をまたぐとき、相手の膝に当たらないように、しっかり足を上げること。

ボトムポジション（ガードからのキックオフ）

相手が自分のガードポジションに入っているときに、距離をとるための基本的なやり方です。相手の体重が後ろにかかっているときに行なうと成功しやすく、前に体重をかけられているときにも、（少し難しいですが）使うことができます。

スターティングポジション
相手をガードポジションでホールドした状態から始める。

▼

1
一方の腰に体重を移し、反対の足（写真は左足）の膝頭を相手の体に当てる。両手を上げて顔面をガードしておくこと。

2
下になった方の足（写真は右足）で相手の腰を蹴ってスペースを作る。

3
上の足（写真は左足）で相手の胸または顔面を蹴り、立ち上がって距離をとる。

フットグラブに対するディフェンス
（ストリッピング）

立っている相手が、仰向けになっているこちら（ディフェンダー）の片足をつかんできたときに応用できるテクニックです。

スターティングポジション

仰向けになっているこちら（ディフェンダー）の片足を、立っている相手がつかんできた状態から始める。

1

足をつかまれたら回されないように、少なくとも一方の手をふりほどきにかかる。まず、つかまれていない自由な方の足を高く上げると同時に、つかまれた足を曲げる。これで大きな力を加えられるようになるだけでなく、相手の手を狙いやすくなる。

2

上げた足を踵から下ろして相手の手を打ち（踵落とし）、足を離させる。すぐにもう一方の足で相手の足を蹴ってダメージを与える。

フットグラブに対するディフェンス
(ラウンドキックを使った外向きのスピン)

立っている相手が、仰向けになっているこちら(ディフェンダー)の片足をつかんで、外向きにひねってきたときに使えるテクニックです。

スターティングポジション

仰向けになっているこちら(ディフェンダー)の片足を、立っている相手がつかんできた状態から始める。

相手がスピンさせようとするのを感じたら、その動きについていく。決して抵抗せず、むしろ相手がスピンさせようとする以上の速さで、自分から回るイメージを持つ。同時にラウンドキックを相手の手首の辺りに飛ばす。

蹴った勢いのまま回りきったら、グラウンドファイティングのポジションをとる。

 スピンだけでほぼ脱出はできます。キックは保険のようなもの。相手が近ければ、顔を狙って蹴ります。

フットグラブに対するディフェンス
(ヒールキックを使った内向きのスピン)

立っている相手が、仰向けになっているこちら（ディフェンダー）の片足をつかんで、内向きにひねってきたときに使えるテクニックです。

スターティングポジション

仰向けになっているこちら（ディフェンダー）の片足を、立っている相手がつかんできた状態から始める。

1

相手がスピンさせようとするのを感じたら、その動きについていく。決して抵抗せず、むしろ相手がスピンさせようとする以上の速さで、自分から回るイメージを持つ。同時に足をスイングするようにして回してきて、踵で蹴り込む（回る向きは違うが、前ページのテクニックとまったく同じ動きになる）。

2

蹴った勢いのまま回りきったら、グラウンドファイティングのポジションをとる。

Green Belt

グリーンベルトで習得すること

-このベルトの到達目標-
●クラヴマガのシステムを本当にマスターするための第一歩。

-おもなトレーニング内容-
●打撃に加え、首絞め等の素手による攻撃に対する護身テクニックを、より高度なものも含め習得する。
●ナイフ、銃、棒など、武器を持った相手に対する護身の基本的なテクニックを習得する。

-トレーニング期間の目安-
●週2〜3回のペースでトレーニングに参加された場合、おおよそ10カ月でグリーンベルトテストの受験資格を得ることができます。

トレーニングガイド

グリーンベルトでは、ストレスに対処でき、攻撃的かつテクニックを鋭く、的確に実行できなくてはなりません。おもなトレーニング内容には、次のようなものがあります。

①コンバティヴ

さまざまなヘッドバットのほか、伝統的な武術で使うスラップキックやヒールキックも紹介します。路上のシチュエーションで推奨するわけではありませんが、こうしたテクニックを学ぶことで、セルフディフェンスの能力は確実に向上します。キックの練習をすることで柔軟性が高まり、似たような技で攻撃されたときのディフェンスを学ぶことができます。

もちろん日頃の練習では、もっともシンプルで強力な打撃を追求するべきです。しかし、こうしたキックを学んでおくことで、いざ闘いになったときに、少なくともいくつかの攻撃については、どんな角度からでも出せるだけの自信ができるでしょう。

②ディフェンスとセルフディフェンス

髪の毛をつかんでくる「ヘアグラブ」に対するディフェンスのほか、インサイドディフェンスとアウトサイドディフェンスについても、さらに詳しく紹介します。

「パンチに対するアウトサイドディフェンス」（P180 ～ 183）は、ディフェンダーの手の位置の外側（アウトサイド）からくる攻撃に対して行なうもの。よくあるのは、360度ディフェンスで紹介したような「ワイドな攻撃」や、フックパンチのようにアウトサイドから内向きに入ってくる短い攻撃などですが、それだけではありません。

　たとえば、ディフェンダーの手が正しい位置にないとき（左手が下がるなど）に直線的な攻撃が飛んでくることもあります。両手を上げていれば通常のインサイドディフェンスができますが、**手が下がっている場合には、手を体の中心線から外へ向けて動かすのが効果的なディフェンス**となります（そのため「アウトサイドディフェンス」といいます）。

　また、たとえ両手を上げていても、横からのストレートパンチなどは、直線的な攻撃ではあっても角度をつけて飛んでくるために、インサイドディフェンスが難しくなります。そういうときには、アウトサイドディフェンスが最短の動きとなります。

　グリーンベルトでは、1）失敗や疲労のためにディフェンダーの手が下がっている場合、2）ディフェンダーが正しい位置に構えた手の外側から、角度をつけた攻撃がきた場合、という2つのパターンを扱います。

　どちらの場合も——というよりどのテクニックでも——根本的な原理は同じです。すなわち、最短の動きで攻撃を防ぐ、ということです。

③フォール・アンド・ロール

　ロール（P188 ～ 191）は、セルフディフェンスの流れを全体として理解するうえでとても重要です。実際の闘いでは、退却するときや誰かを助けようとして前進するときに、障害物や敵に足を取られることがあります。そんなときは、少しでも速く立ち上がることが求められます。

　グラウンドにいて対処すべき差し迫った危険がないときには、ロールがもっとも手近な解決策となります。

④グラウンドファイティング

　ここでは、オレンジベルトのところで残しておいたテクニックを取り上げます。グラウンドテクニックのレパートリーを増やしていきましょう。

Complete Krav Maga **167**

フォワード・ヘッドバット

正面の至近距離にいる相手への打撃技です。相手も自分も立っている状態や、つかみ合いの状態で使います。

スターティングポジション

相手と正対して、至近距離に立った状態で始める。
相手の頭（耳や側頭部の髪）をつかんでもよい。

1

首に力を入れ、歯をしっかり食いしばった状態で、足と上半身を使って頭を前に突き出す。相手の鼻や頬骨などを狙って、自分の額のいちばん上の髪の生え際部分をぶつける。相手の頭（耳や側頭部の髪）をつかんでいると、よりコントロールしやすく、パワーも増す。

ヒント！ つねに相手の眉より下を狙います（理想は鼻）。相手の頭をつかむ場合は少し顎を上げさせるようにします。顎を下げさせてしまうと、自分の額が相手の頭蓋骨に当たってしまいケガをします。

上へのヘッドバット

相手の懐に飛び込んだものの倒せなかった場合などには、そのまま顎に向かって頭を突き上げて攻撃します。

スターティングポジション 相手と正対して身をかがめ、自分の頭を相手の胸の高さに合わせて始める。

1

首に力を入れ、歯をしっかり食いしばった状態で、頭を上に突き上げる。頭頂部もしくは後頭部寄りの部分を、相手の下顎にぶつける。

横へのヘッドバット

ベアハッグでつかまるなどの密着した状態で、頭の横に相手の顔があるときに使います。横にいてもぶつけるのは額の部分です。

スターティングポジション 相手がすぐ横にいて、ベアハッグを仕掛ける寸前のような状態から始める。

1

顔を相手に向け、首に力を入れて歯を食いしばり、足と上半身を使って頭を前に突き出す。額の部分をぶつけるのが基本だが、相手と角度があるため、額の横に近い部分をぶつけてもかまわない。ただし、側頭部は使ってはいけない。自分がケガをする恐れがある。

後ろへのヘッドバット

ベアハッグからの流れで多く使うものです。後ろから組みつかれた場合や、ダブルオーバー（リバースのヘッドロック状態）のときに応用できます。

スターティングポジション 相手に背を向けて立ち、後ろからベアハッグでとらえられた状態から始める。

ポイント！ 相手の頭が自分より高い位置にあっても、ぶつけるのは頭頂部ではなく、後頭部です。

1

相手の腕をホールドし、首を反らして、頭を後ろへ鋭く打ち込む。頭頂部に近い後頭部をぶつけていく。舌を噛まないように、歯をしっかり食いしばっておくこと。

スピンを使った防御的なバックキック

クラヴマガでは、大味なキックや複雑なキックは推奨しません。スピニングバックキックは派手めのキックでありながら、前進してくる相手に真っすぐ蹴り込むことのできる実戦的なキックです。

スターティングポジション
左足を前に出したファイティングスタンスから始める。

1
左足を右足の前方辺りにクロスさせるように軽くステップし、左足の着地と同時に、踵が相手を向くところまで体を鋭く回転させる。相手に背中を見せることになるが、頭が先行して回るので、位置や動きを確認できる。

2
回転の勢いで自然と右足を上げる（112ページの通常の「バックキック」と同じ体勢になる）。

3
右足を後ろに伸ばしてバックキックを打つ。相手には、踵を当てる。

ヒント！ 上達すれば最初のワンステップは省略できますが、ステップした方が回転はしやすくなります。いずれの場合も、スピニングキックは必ず後ろの足で行ないます。

ヒールキック

ヒールキックは、相手が横の位置にいて、110ページの「サイドキック」では間合いが合わないときに使います。状況に応じて、斜めに蹴り上げたり、水平に蹴ったりしてもかまいません。

スターティングポジション

左足を前に出したファイティングスタンスから始める。

1 相手に近い方の足をほぼ伸ばした状態で、少し前気味に上げる。足を上げるのに合わせて、胴体をアウトサイド（相手から遠い方）の腰の方へ傾け、高さを調整する。

2 相手に踵の後ろの部分を当てていく。このとき、腰と肩も、足と同じ向きに回す。当たる寸前に膝を曲げ、膝の過伸展を防ぐ。

3 素早く足を戻して、元のファイティングスタンスで相手と正対する。

> **ヒント！** 111ページの「前進しながらのサイドキック」のように、前進しながら蹴ることもできます。その場合は、ベースの足が蹴り足の後ろを通るようにします。

インサイド・スラップキック

足・足首の内側を使う蹴り技です。58ページの「ラウンドキック」と似た間合いで使います。どちらの足で蹴ってもかまいませんが、ここでは左足で蹴る場合を解説します。

スターティングポジション
左足を前に出したファイティングスタンスから始める。

1 左膝を前方へ上げる。膝がしっかり曲がるように「抱え込み」を意識する。

2 膝のリードで少し体を内側に、足を外側に傾けて、スナップを利かせて蹴り出す。およそ45度の角度で、足と足首がL型になっている部分を当てる。

3 素早く足を戻して、元のファイティングスタンスで相手と正対する。

ヒント！ ラウンドキックと違って、腰は返しません。

アウトサイド・スラップキック

足・足首の外側を使う蹴り技技です。173ページの「ヒールキック」と似た間合いで使います。どちらの足で蹴ってもかまいませんが、ここでは右足で蹴る場合を解説します。

スターティングポジション
左足を前に出したファイティングスタンスから始める。

バリエーション
111ページの「前進しながらのサイドキック」のように蹴ることもできます。その場合は、ベースの足が蹴り足の後ろを通ります。

1 右膝を体の前を横切るように上げる。膝は体に対して少し外側、足は少し内側に向ける。

2 スナップを利かせて蹴り出し、およそ45度の角度で、足と足首がL型になっている部分を当てる。腰を開いてパワーを乗せ、相手を打ち抜くように蹴る。

3 素早く足を戻して、元のファイティングスタンスで相手と正対する。

> **ヒント！** 前足で蹴った方が速いのですが、後ろ足の方が強く蹴れます。ただし、後ろ足で蹴る場合、腰が前に出てくるので、相手からは見えやすくなります。

インサイド・ニー

ムエタイの選手がよく見せる内向きの膝蹴りで、膝を横へ大きく引き上げてから内側へ蹴り込みます。クリンチで出す技ですが、蹴るためにスペースを作る必要があります。

スターティングポジション クリンチの状態から始める。

1

一方の膝を横へ上げる。このとき膝は天井に、足先は地面に向ける。

2

膝を回して蹴り込む。膝を鋭く傾けると蹴りやすく、衝撃も大きくなる。

Level up column

恐怖心に打ち克つための
トレーニングとは？

　目の前に幅20センチ、長さ3メートルの板が置いてあったとします。地面に足を触れないように、その上を渡れと言われれば、当然、あなたは渡れるでしょう。では、その板が地上15メートルの建物と建物の間に掛けてあったとしたらどうでしょう。簡単に渡れるでしょうか？

　落ちたら大変なことになると、心拍数は上がり、アドレナリンが全身を駆けめぐるでしょう。汗が噴き出し、筋肉は硬直。足がすくんで、少なくとも「簡単」には渡れないはずです。

　85ページでお話ししたように、選択肢の多さもストレス要因の一つですが、こうした恐怖感があると、本来のパフォーマンスを大きく下げます。助かっていたはずのものが、最悪の結果を招くこともあるということです。

　たしかに、繰り返しトレーニングを続けることで自信が生まれ、ある程度の改善は望めますが、恐怖心がゼロになることはまずありません。〝感じる〟心を、そう簡単に消すことはできないのです。

　けれども、恐怖心があっても、「動く」ことはできます。まずは恐怖心があると動けないという考えを改めましょう。ライオンに追われるシマウマは、楽しく逃げているわけではありません。恐怖心が最高のパフォーマンスを引き出すこともあるのです。

　恐怖心に打ち克つ最善の方法は、目の前のするべき事に集中することです。シマウマの例であれば、「襲われる」ことではなく、「走る」ことに全力を傾けるのです。

　クラヴマガのトレーニングにおいては、楽しくやることも大切ですが、ときには手に汗を握るような危機感をもって臨みましょう。頭にシチュエーションをよく描き、そのうえで、その困難な状況から脱出するために、目の前の「するべき事」に集中するトレーニングを積むといいでしょう。

　体力をつけたり、テクニックを覚えたりするだけでなく、心や頭、意識や集中力を鍛えることが恐怖心に打ち克つには不可欠です。

左-右のコンビネーションに対する
インサイドディフェンス（2つのインサイドディフェンス）

左-右のコンビネーションは、実戦でもっともよくある動きの1つです。特に練習を繰り返しましょう。左パンチには右手、右パンチには左手でインサイドディフェンスを行ないます。

スターティングポジション
左足を前に出したファイティングスタンスで始める。

1 相手が左のパンチを打ってきたら、それに合わせて右手で64ページの「インサイドディフェンス」を行なう。左手は上げたままにして、次の右パンチのディフェンスに備える。

2 右パンチがきたら、それに合わせて左手でインサイドディフェンスを行なう。同時に頭を逆の方に動かしてボディディフェンスをとる。

左-右のコンビネーションに対する
インサイドディフェンス（片手）

ケガなどさまざまな理由で、左-右のコンビネーションを前の手だけで処理しなければならないこともあります。普段、自分から選択するディフェンスではありません。

スターティングポジション
左足を前に出したファイティングスタンスで始める。

バリエーション
同様のシチュエーションからは、182ページの「アウトサイドディフェンス③」を使うこともできます。こちらの方がさまざまなストレートパンチに対応できます。

1 相手が左のパンチを打ってきたら、それに合わせて前の手（左手）でインサイドディフェンスを行なう。

2 右のパンチがくるのに合わせて、すぐに同じ手（左手）で、180ページの「アウトサイドディフェンス①」を行なう。入ってくる手を手刀で受ける感じになる。

オフアングルからの攻撃に対する
アウトサイドディフェンス

スターティングポジション

アウトサイドディフェンスは62ページで紹介していますが、特にオフアングル（自分の正面から離れた角度に相手がいる状態）からの攻撃対しては、オフアングルからのディフェンスとしてとらえ、対応するのが有効です。アウトサイドディフェンスの応用形には、大きく5種類あります。

パッシヴスタンスで、相手が攻撃を仕掛ける直前の状態から始める。

ヒント！ パンチを避けて頭を下げるときに、体重を足の方に落とさないようにしてください。足が動かなくなってしまいます。

アウトサイドディフェンス①

相手のパンチ攻撃に対し、親指側で受けるディフェンス。手のひらが自分側になる。ディフェンスすると同時に、ヘッドスリップでパンチの方向をそらす。強いディフェンスではないが、反射的に素早く受けやすい。

アウトサイドディフェンス②

手の甲側で受けるディフェンス。①と同様にヘッドスリップでパンチの方向をそらす。強いディフェンスではないが反射的に素早く受けやすい。自分の態勢や手の位置によって①②の反応しやすいほうで対応する。

アウトサイドディフェンス③

手首を返しながら小指側で受けるディフェンス。手の甲側が自分側になる。手首を返すことにより腰も回転するので、反射的な動作は遅れるが、①②よりも強いディフェンスとなる。

アウトサイドディフェンス④

上体を沈めながら下方から手首を返し、小指側（手刀）および前腕部で相手のパンチを上方に反らすディフェンス。

アウトサイドディフェンス⑤

相手のパンチ攻撃に対し、突き刺す（スタビング）ように受けるリダイレクトのディフェンス。手の甲側が相手の腕側になる。

バリエーション
アウトサイドディフェンスの実戦例

実戦／アウトサイドディフェンス③

スターティングポジション

相手が右のパンチを顔面に打ってきたら、それに合わせて左の前腕部を回しながら上げ、腕の外側の部分で受ける。

1

そのまま相手のパンチを上向きに滑らせ、同時に右のストレートパンチを相手の顔面に打ち込む。

2

右パンチに対するアウトサイド
ディフェンス（防御した同じ手による反撃）

スターティングポジション
▼

右パンチ（またはこちらのジャブに対する右クロス）が相手の前の手の外側から飛んできた場合。こちらの前の手でパンチを防御し、防御したその手でそのまま攻撃を行ないます。

左足を前に出したファイティングスタンスで始める。

1

相手の右フックに合わせて、左のアウトサイドディフェンスでブロックする。肘の確度は約90度。パンチの圧力に負けないようにする。

2

防御した手でそのままカウンター攻撃を行なう（写真はフックパンチ）。

3

攻撃後はすぐにファイティングスタンスをとり、相手の状況を確認する。

ハイ・ラウンドキックに対するディフェンス
（反射的なディフェンス）

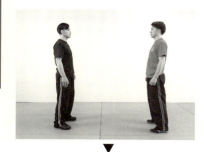

攻撃に対する備えがまったくできていない状態で、上半身や頭部を狙われたときのディフェンスです。相手の蹴りを両腕の前腕部でブロックするには、早い段階でキックを読んでおくことが必要です。

スターティングポジション　ニュートラルスタンスで始める。

1　相手が左の蹴りを打ち始めるのに合わせて、両手を上げてディフェンスする。同時に体を回転させ、両肩が蹴り足の正面にくるようにする。手のひらを開いて蹴り足に向け、前腕部の肉の厚い部分でブロックする。腕にしっかり力を入れてキックを受けとめ、衝撃を吸収する。必ず顎は引いておく。

2　ディフェンスしたら、すぐに斜め前に踏み込んで反撃する（近い方の手のハンマーフィストパンチか、遠い方の手のストレートパンチ）。

ヒント！　キックがくる方向とは逆の、斜め前に踏み込んでこのディフェンスを使うことができます。ただし、早い段階でキックを読んでおくことが必要になります。

ハイ・ラウンドキックに対するディフェンス
（ファイティングスタンスからの2点受け）

攻撃に対する備えができている状態で、上半身や頭部を狙われたときのディフェンスです。どの角度からキックがきても対応するようにします。

スターティングポジション

左足を前に出したファイティングスタンスで始める。

1　相手が左の蹴りを打ち始めるのに合わせて体を回転させ、両肩が蹴り足のほぼ正面にくるようにする。120ページの「フックパンチに対するディフェンス」のように、右腕でディフェンスする（拳を握り、腕に力を入れる）。同時に反対側の手も持ってきて、手のひらでディフェンスする（肩を回すとやりやすくなる）。

2　続けてキックやパンチで反撃する。

ヒント！　好みによって、ファイティングスタンスから前ページの「反射的なディフェンス」を行なってもかまいません。その方が、前腕の肉のついた部分を使うため、クッションが大きくなります。ただし、ファイティングスタンスからは、腰や肩が回しにくいため、前腕を回してくるのが難しい人もいます

Complete Krav Maga | **185**

ハイ・ラウンドキックに対するディフェンス
（ファイティングスタンスからの3点受け）

肩を回転させないで、3点でキックを受けることもできます。一方の手のひらと、逆の手と肩が同じ線上に並ぶ3点受けは、力が広い範囲に分散するので、相手が大柄な場合には、安心できるディフェンスとなります。

スターティングポジション
左足を前に出したファイティングスタンスで始める。

相手が右の蹴りを打ち始めるのに合わせて、顎を深く引き、左手を肩の高さまで上げる。同時に右手を持ってきて、手のひらでディフェンスする。右手のひらと左肩、左手が同じ線上に並ぶようにすること。続けて反撃する（近い方の手を使ったハンマーフィストからストレートパンチ、あるいは後ろの手によるストレートパンチなど）。

1

ヒント！ 必ず顎を引いて、できるだけ頭をカバーすること。キックの力は分散しますが、蹴りが頭のすぐ近くまでくるので、つま先（靴の先）や親指の付け根が当たってしまうことがあるからです。

ハイ・ラウンドキックに対するディフェンス
（頭部・肋骨のカバーリング・ディフェンス）

キックに気づくのが遅れたため、両手を使ったディフェンスが間に合わないときもあります。このテクニックは、120ページの「フックパンチに対するディフェンス」と本質的には同じですが、拳を握り、時間が許せば、ボディ・ディフェンスの併用が望まれます。

スターティングポジション
左足を前に出したファイティングスタンスで始める。

1　相手が右の蹴りを出そうとしたら、それに合わせて左手で、360度ディフェンスを小さくしたようなディフェンスを行なう。前腕を少し内側に傾けて、上がってくる蹴り足を腕で滑らせるようにすると、衝撃が少なくてすむ。同時に斜め前に踏み込んで、キックのパワーを逃がす。

2　相手が蹴りを戻す前（体制を立て直す前）に、素早く前に移動して軸足を刈る。

ヒント！　体から腕を離してキックを迎えにいってはいけません。この距離では腕の方が弱いので、強いキックを受けると腕に重傷を負うこともあります。キックに気づくタイミングによっては、斜め前へ踏み込めないこともあります。それでも、インパクトの直後に体を傾けるかステップするかして、キックのパワーゾーンから体を逃がすことが大切です。

フォワード・ロール

安全なロール（回転受け身）の最大の目的は、背骨の部分で回るのに要する時間を少なくすることです。そのため、一方の肩から反対側の腰へ、斜め方向に回ります。こうすれば、背骨が地面と触れるのは1点だけとなります。以下の説明は右利き用なので、左利きの人は左右を入れ替えて読んでください。

スターティングポジション

右足を1歩踏み出した体勢から始める。

▼

1

体を前に折り、右手をぴったり地面につける。指は左に向けておく。左手の指を前向きにして地面につける。

2

この体勢から、右肩のリードで動いていく。顎を左の脇の下に入れる。深く入れるほど首の安全性は高まる。

右手を越えるように前転する。右肘を曲げ、右肩から左腰へと回る。右肩でリードしながら背中を丸める。

回っているときの足は、左が曲がって右が伸びた形になる（完全でなくてもよい）。この形にしておくと、回りきった時点でそのまま立ち上がって、ファイティングスタンスをとりやすい。

回りきったら、右足裏と左膝を地面につけたニーリングポジション（片膝立ち）の体勢になる。右足はつま先ではなく、親指の付け根を地面につけること。

ニーリングポジションから立ち上がる。この足の位置から立ち上がると、後ろにいる相手に対して自然にファイティングスタンスをとることができる。

フォワード・ロールからのバック・フォールブレーク（高速バージョン）

走っていてつまずくと、前回り受け身をとっても勢いで、回転を止めきれないことがありますが、「フォールブレーク」を入れると、回転を止められます。右利き用の解説なので、左利きの人は「右肩」を「左肩」に読み替えてください。

スターティングポジション　走り出す直前の状態から始めます。

1
転んだ場面をイメージして、右手と右肩のリードで高速ロールを行なう。

2
ロールの途中で勢いがつき過ぎて、コントロールが利かないと思ったら、バック・フォールブレークで動きを止める。

バックワードロール

前方から力を加えられるなど、後ろに倒されたときに、すぐに立ち上がって次の攻撃に備えるためのテクニックです。

スターティングポジション 座った状態または仰向けの状態から始める。

1

肩の方へ後ろ向きに回転する。このとき一方の肩越しに両手を持ってくる。

2

必ずしっかりと顎を引き、決して真っすぐ後ろに回らないようにする。

3

両手と同じ側に両足または重心を持っていく。

4

回転して立ち上がり、ファイティングスタンスをとる。

スタンディング・リバースヘッドロック
（ギロチンチョーク）

頭を下げてクリンチしているときなどに、前方から腕で首を絞められたときの脱出・反撃方法です。

スターティングポジション
立ったまま、相手からリバースヘッドロックを仕掛けられた状態から始める。

▼

1

2

プラックしたら、空いたスペースに右の肩を入れて首を締められないようにする。

首絞めの弱点である、グリップした手の方へ顔を回す。外側の手でプラッキングして圧力を緩め、同時に空いた手で、相手の股間を打つ（肘で顔面を打ってもいいが、股間の方が狙いやすい）。

肩と頭を、ホールドの中を抜けるような感じで斜め上向きに入れていく。上向きの動きを強くすると、相手の肩に圧力がかかる。相手の手が動かないように、空いた手でホールドしてもよい。

ヒント！ 相手の絞める力が強いと、簡単にホールドがほどけないこともあります。それでもプラッキングしてスペースを作って肩を差し込めば、首だけは絞まらなくなります。そこからあわてず、股間への打撃や膝蹴りを続けましょう。大切なのは相手の腰を引かせておくことです。腰の引けた体勢からは、首絞めは完成しません。

▶

ホールドがほどけたら回転して相手の方を向き、膝、パンチ、肘などで反撃する。

前からのヘアグラブに対する
ディフェンス（基本形）

セルフディフェンス

相手が髪をつかんで外向きにひねってきたときに使えるテクニックです。勢いよく体を前に折り曲げて、髪をつかんでいる相手の手首に圧力をかけて倒し、素早く反撃に転じます。

スターティングポジション 相手が前から髪をつかみ、外向きにひねってきた状態から始める。

1 両手を上げて勢いよく振り下ろし、髪をつかんでいる相手の手をこちらの頭蓋骨に叩きつける。このとき、両脇を締めて前腕部で、相手のパンチを顔面に受けないようにする。

2 手を振り下ろした勢いのまま、腰から体を折り曲げる（お辞儀をする感じ）。前に体を折ることで急激に圧力がかかり、相手の手首は髪をつかんだまま反り返る。

3 相手が倒れたら、相手の体を伸ばすように、素早く後退する。

4 すぐに顔面へのフロントキックで反撃する。

ヒント！ 体を折るときに、腰を後ろに引かないこと。それでは手首に強い圧力がかかりません。

前または横からのヘアグラブに対する
ディフェンス（膝蹴りが予測される場合）

相手が髪をつかんで引き倒そうとしたときは、顔面への膝蹴りを狙っています。反応が遅れて、前ページの「前からのヘアグラブに対するディフェンス」ができないときは、両肘を締めて膝蹴りを防ぎつつ、反撃します。

スターティングポジション 相手が横から髪をつかみ、膝蹴りを打ちそうな状態から始める。

1

上半身が下へ引かれるのに合わせてバーストし、懐に飛び込む。近い方の腕で62ページの360度ディフェンス「ポジション⑦」を行ない、上がってくる腿（膝は×）をブロックする。同時に空いた方の手で相手の股間を打つ。

2

体ごと前進を続けて、ヘアグラブの圧力やコントロールをなくしてしまう。できれば体を起こして、顔面への膝を打てなくしたうえで、さらに反撃を続ける。

バリエーション
右腕で相手の左膝をブロックする「クロスブロッキング」になってしまい、同時に股間を打てないこともあるが、その場合もできるだけ早く反撃に移るようにする。

ヒント！ 正面から髪をつかまれたけれども、それ以上膝蹴りを打ってこないようなら、通常の「前からのヘアグラブに対するディフェンス」を継続してもかまいません。

横からのヘアグラブに対するディフェンス

スターティングポジション

横からでも下向きに引っ張られたら、まずは前ページの「前または横からのヘアグラブに対するディフェンス（膝蹴りが予測される場合）」の体勢に入ります。ただし、単にバランスを崩そうとしたり、そのまま車や路地へ引っ張っていこうとしたりする場合もあります。そのときは、引っ張られる以上の速さでその方向にバーストします。

ニュートラルスタンスで、相手が横から髪の毛をつかんできた状態から始める。

1 引っ張られても抵抗しないで、引かれた方向にバーストする。髪をつかんだ手の肩口に向かえば、空いた手でパンチを打ちづらくなる。

2 懐に入ったら、近い方の手で、髪をつかんでいる手を払う。

3 空いた手で反撃する。いちばん速くてシンプルな反撃は顔面か股間へのパンチである。

> **ポイント！**
> 下へ引かれても水平に引かれても、原理は同じです。時速8キロで引かれたら、9キロでバーストします。引かれる以上にバーストすることで、自分の体の動きをコントロールできます。

横または後ろからの後頭部や反対側の側頭部へのヘアグラブに対するディフェンス

相手が横や背後から近づき、後頭部や反対側の側頭部の髪をつかんでくるケースがあります。そうしたときの防御法です。

スターティングポジション

ニュートラルスタンスで、相手が横や背後から髪の毛をつかんできた状態から始める。

1

引っ張られるのを感じても、抵抗せずに引かれる方向にバーストする。自分でスピンするような感じになるかもしれないが、そのまま動いていく。

2

回転して向き直ったら、必要に応じて、近い方の手で360度ディフェンスを行なう。

3

相手の攻撃を止めたら、すぐに股間打ちや顔面への打撃で反撃する。

後ろからのベアハッグに対するディフェンス
(指へのテコ)

スターティングポジション

ニュートラルスタンスで立っているときに、相手に後ろからベアハッグを仕掛けられ、両手が空いている状態から始める。

1

すぐに体重を落とし、持ち上げられないようにする。

2

顔面に肘を入れる。ストンピングなどの反撃も併用する。

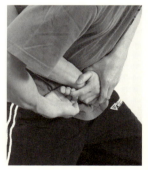

3

相手の前腕部に両手をすべらせて、相手の指を探す（ふつうは人差し指）。一方の手で相手の手首辺りを押さえ、もう一方の手で指先から引き剥がしにかかる。指の根本や途中から引き剥がそうとすると、相手のグリップが強くて、剥がしにくい。

後ろからベアハッグを仕掛けられたとき、両手が空いていれば、エルボーで反撃することができます。相手はそうさせないように、頭を背中に押しつけてきます。ストンピングや脛への踵蹴り、アッパーカット、バックキックなどの反撃が可能ですが、相手の腕をほどくテクニックも必要です。

4

相手の指が緩んできたら、その指をつかむ（自分の手の小指側が相手の指の根本に、親指側が指先にくる）。相手の手首をつかんでいるもう一方の手を、指の根本付近に移動させ、つかんだ指を孤立させる。次につかんだ指を相手の指関節に突っ込むようにいったん押しつけ、手先の方へ引っ張ると、ベアハッグが外れる。

5

指に圧力をかけたままステップアウトして、その足を軸に回転する。

6

近い方の足で、股間や顔面を蹴る。

後ろからのベアハッグに対するディフェンス
（持ち上げられた場合のディフェンス）

後ろからベアハッグを仕掛けられて持ち上げられたときは、113ページの「アッパーカット・バックキック」を股間に入れます。相手は持ち上げるのをやめるので、着地したらすぐに反撃します。

スターティングポジション

ニュートラルスタンスで立っているときに、相手に後ろからベアハッグを仕掛けられた状態から始める（両手は空いていても、抱きかかえられていてもいい）。

1 相手に持ち上げられたら、すぐにアッパーカット・バックキックを股間に入れる。同時に空いている方の足を、相手の足に巻きつけて思い切り伸ばし、投げつけられたり振り回されたりするのを防ぐ。

2 股間への打撃で、相手はすぐに持ち上げるのをやめるので、着地時にバランスを崩さないように備える。

3 着地したら、すぐに向き直って反撃する。

> **ポイント！** 足をトラップしてからキックするのではなく、持ち上げられたら即座に蹴り出しましょう。

正面からのベアハッグに対するディフェンス
（持ち上げられた場合のディフェンス）

両腕を抱え込んで前からベアハッグを仕掛けられて持ち上げられたときは、股間に膝蹴りを入れます。相手は持ち上げるのをやめるので、あらかじめ着地の準備をしておきます。

スターティングポジション

ニュートラルスタンスで立っているときに、相手に正面からベアハッグを仕掛けられ、両腕を抱きかかえられた状態から始める。

1 持ち上げられたら、すぐに膝蹴りで反撃する（相手自身が土台になってくれるので、膝蹴りが可能になる）。

2 股間に強い打撃が入れば、相手はすぐに持ち上げるのをやめるので、着地時にバランスを崩さないように備える。

> **バリエーション**
> 両手が空いていれば、141ページの「正面からのベアハッグに対する両手が使える状態でのディフェンス（首へのテコ）」のように、相手の髪をつかんだり、目を突いたり、顎を上げさせたり、顔面や喉へハンマーフィストパンチを落としたりするなどの反撃も可能です。

ガードからのアームバー

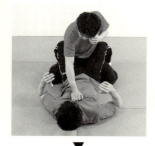

スターティングポジション
仰向けになり、相手をガードの中にとらえた体勢から始める。

1

相手が逃げようとして腕を伸ばしてきたら、その腕をつかんで引く。このとき片手で相手の肘を、もう一方の手で手首をとるのが、もっとも確実なホールドの仕方である。

2

つかんだ腕に近い方の足を上げてきて、相手の腕を引きながら頭越しに絡めて首に巻きつける。同時に腰を動かして、できるだけ自分と相手の体が直角になるようにする。そのまま、さらに腕を引いて、自分の腰と股間が相手の肩の近くにくるようにする。相手の肘が自分の股間より上の位置までくることになる。

ガードポジションからは、グラウンド状態のまま寝技を試みるより、キックアウトして立ち上がるのが基本です。しかし、固め技などを知っておくと、実戦で役立ちます。アームバーは、相手がファイト中に、あるいはガードを逃れようとして、うっかり腕を伸ばしたときに非常に有効です。スポーツ格闘技ならこのテクニックでタップを奪え、路上で命の危険があるときには、相手の腕を折ってしまうこともできます。

足の力を使って相手を仰向けに倒す。ただし、倒せなくても、技自体はかけられる。相手が体を起こしていても、あるいは逆方向にロールされて自分が腹ばいになっても、腕は極まる。

膝を締め、相手の手の小指側を自分の胸に向けて引きつけ、腰を突き出すと、相手の肘に圧力がかかって、腕が極まる。危険なので練習では十分に注意すること。

ガードからのリバース
（シットアップ・アンド・スイープ）

スターティングポジション
仰向けになり、クローズドガードで相手をとらえた状態から始める

1
相手が体を起こしたら、それに合わせて自分も体を起こし、両足を地面につける。

2
片手を地面について腰を浮かせ（肘はつかない）、反対側の腕を相手の逆側へ上げる。この腕は顔面へのパンチを防ぐ役目も果たす。上げた腕で、相手の上腕部の後ろ側または肘の上をつかむ。

仰向けになって相手をガードにとらえた体勢からは、相手を蹴り飛ばして脱出するのが一般的なテクニックです。しかし、なかなか距離を作らせてもらえないなど、脱出が難しいことがあります。そういうときに備えて、ただ逃げるのではなく、リバースしてポジションを入れ替える方法も知っておく必要があります。このリバースのテクニックは、相手がパンチを打とうと体を起こしたときにも使えるものです。

相手の腕（または肘）をつかんだら、自分の体の下へ巻き込むようなイメージで、斜め下向きに引く。

同時にアウトサイドの腰も使って、相手をひっくり返す。

マウントをとったらすぐに体を起こし、パンチやエルボーなどで反撃する。マウントを取り返されないように、相手の体重移動を感じとって、適宜ポジションを調整する。

ヒント！ クローズドガードで足首を組んでいる場合は、足を地面につけるために、まずそれをほどく必要があります。

グラウンドで横から首絞めされたときの
ディフェンス

自分が仰向きに寝ている状態で、相手が自分の横に膝をつき、首絞めを仕掛けてきたときのディフェンステクニックです。

スターティングポジション
仰向けに寝た自分の右横に、相手が膝をつき、首絞めを仕掛けてきた状態から始める。

右の掌底を相手の胸骨ないし顔面に打ち込み、同時に左手でプラッキングする。掌底の目的は相手とのスペースを作ることなので、大きなダメージを与える必要はない。

1

膝を巻き込むように下半身を上げて、右脛を相手の胸のところまで押し込みながら、同時に左足を浮かせる。右脛が押し込めたら、右手を戻して相手の右手をつかむ。これで、相手の右手を両手でホールドする形になる。

2

左足を相手の首筋に鋭く振り下ろし、相手をグラウンドに引き込む。

3

バリエーション

実戦では、もう少しシンプルなディフェンスも可能です。左足で相手を倒す代わりに、顔面に向かって上向きに「踏みつけ」て、相手を蹴り飛ばしてもかまいません。それでも抵抗されるようなら、テイクダウンを狙いましょう。

4 相手を倒したら、左足の踵を自分の尻のところへ持ってくることだけを考える。これで相手は離れられなくなり、さらにコントロールが利く。相手の右手を引いておくことで、コントロールが保たれ、相手を逃がすこともない。

▼

5 相手がグラウンド状態になるのに合わせて、右足を相手の胸の上に伸ばす。相手の体が離れず、腕の引きつけが利いていれば、相手の肘が自分の股間よりも上にくるため、202ページのアームバーが極まる。

グラウンドで横からヘッドロックされたときのディフェンス（基本ポジション）

グラウンドファイティングの最後によくなる体勢です。相手がよほど大きくて力が強くないかぎり、見かけほどの危険性はありません。パンチや首絞めをもらう可能性はありますが、それは低いでしょう（ただし、首が不自然に曲がる「ネッククランク」になる可能性はあります）。この体勢から逃れるテクニックは3通りありますが、まずはすべてに共通する基本ポジションを説明します。どのテクニックも、このポジションから始まります。

ポジション

①相手が自分の横に腰を下ろして、ヘッドロックを仕掛けてきたら、顎を引いてパンチや首絞めを防ぎ、腰を動かして横向きになる。

②空いた方（上になった方）の手を上げて、前腕部を相手の首から顎の部分にあてがう。頭や首に全体重をかけられるのを防ぐため、この前腕部で相手の喉・首・頭を押し返すようにする。

③もう一方（下になった方）の手を、相手の脇腹に差し込む。相手のアウトサイドの手でこの手をとられないこと。この体勢からはトラップされやすいので注意したい。

グラウンドで横からヘッドロックされたときのディフェンス
（相手が体重を前にかけてきたとき：レッグラップ）

相手が体を前方に傾けるのを感じたら、以下の動きで対応します。

スターティングポジション

前ページの「グラウンドで横からヘッドロックされたときのディフェンス」（基本ポジション）から始める。

1 上になった足を回して、相手の足にフックする。

2 自分の足を伸ばしながら、相手の足を引きつける。同時に、上の腕で相手の首の後方部分を押し、上側の腰を相手の腰に押しつける。自分の体重が相手の頭の方へ移動し、下側の腰が相手の体の下から滑り出してくる。

3 相手が前方に力をかけるのに合わせ、自分の肩で相手の肩を下向きに押す。相手の腕と首に圧力がかかり、通常ヘッドロックが外れる。

4 ヘッドロックが外れたら、片手で相手の頭を押さえつけ、パンチなど反撃に移る。

バリエーション

相手がヘッドロックを放さないようなら、さらに腰を動かして、相手の上でうずくまります。相手の体は横向きになっているはずですので、バランスに注意しながら、顔面にハンマーフィストパンチを打ち込むか、顔面をかきむしったり、目を突いたりします。それでも放さないなら、掌底を顎のラインに打ち込みます。

ヒント！ 体重は必ず相手の頭に向けてかけます。頭には支えとなるベースがないためです。

グラウンドで横からヘッドロックされたときのディフェンス
（相手が体重を前にかけてきたとき：スペースがある場合）

動きそのものは、前ページのテクニックとほとんど同じです。頭の良い相手が、前ページで紹介した足のフックを避けるために、前に体重をかけながら両足を引き寄せたため、足が届かないときに使うテクニックです。たしかに足のフックは難しくなりますが、代わりにスペースができるので、そこを利用します。

スターティングポジション
208ページの「グラウンドで横からヘッドロックされたときのディフェンス」（基本ポジション）から始める。

1 上になった足を回してきて、相手の足をフックするように見せかける。

2 足のフックに失敗しても、そのままの動きで腰を動かしていく。同時に両膝を引きつけて、相手のそばで正座するような形になる。下の手は、ベースアウトして体勢を安定させる準備をしておく。ここまでで、ヘッドロックの危険性はほとんど無力化されている。

3 この体勢からは、頭を引き抜いて反撃することもできるし、208ページの「グラウンドで横からヘッドロックされたときのディフェンス（基本ポジション）」移ってもよい。

グラウンドで横からヘッドロックされたときのディフェンス
（相手が後ろに体重を前にかけてきたとき）

こちらの首に圧力を加えたり、あるいは前へ持っていかれないようにするたに、相手が後ろに体重をかけてくるケースもあります。そのときに使うテクニックです。

スターティングポジション

208 ページの「グラウンドで横からヘッドロックされたときのディフェンス」（基本ポジション）から始める。

1 上の手を、相手の額から鼻の辺りにかけ、上半身を後ろへ（自分の腰の方へ）押す。同時に自分の体を外側に移動する。

2 STEP1 の動作と同時に、自分の両足を振り上げる。

3 振り上げた足を戻しながら、片足を相手の顎にかけ、相手が後ろに倒れてくるラインから素早く自分の腰を外す（体を横回転するようなイメージ）。

4 そのまま相手の頭に乗るように両腿で挟み込み、正座のような形をとる。すぐにハンマーフィストパンチやエルボーで反撃する。

ガードからのエスケープ（スタッキング）

相手にガードでホールドされてしまったときの脱出方法です。

スターティングポジション
相手が仰向けになり、ガードで強くホールドしてきた状態から始める。

1
前に圧力をかけながら、パンチ、ハンマーフィスト、ヘッドバット、かきむしり、目突きなどで顔面を攻撃する。アームバーを狙われないように、必ず脇を締めて行なう。

2
立ち上がって、体重を前にかける。相手の腰が頭より高い体勢にして、自分の腰を相手の腿の裏側に押しつけ、相手が2人分の体重を支える形にする。両膝を締めて、相手の足に押しつける。自分の足を開いたり浮かせたりして、体勢を安定させる。

ヒント！ 前に体重をかけ過ぎるとロールされるので注意してください。また、足を前に出し過ぎても、つかまれる危険があります。

3

反撃を続ける。この体勢からは、パンチが打ちやすくなっている。

4

ガードが外れたら深追いせず、立ち上がって離れる。

> **バリエーション**
> ガード外せても、外せなくても、もう一度膝をついて体を起こした体勢に戻る方法もあります。ガードの中にいることになりますが、今度は股間にパンチを打つスペースができているはずです。

サイドマウント(基本ポジション)

サイドマウントは、上になったときのポジションとして非常に優れています。相手は腰を使ってはねのけることができないため、フルマウントよりも通常安定します。

ホールド

グラウンド状態になった相手の胴体に自分の上半身をかぶせていく。自分の胸を使って相手の体に体重をかけ、両肘を引きつけて相手の体と頭を固定し、動きを封じる。下の足(相手の腰に近い方の足)を引きつけて、相手の胴体と腰を圧迫する。上の足(相手の頭に近い方の足)を、自分の腰が地面に触れるくらいまで伸ばす。

> **バリエーション**
> 両膝を引きつけて正座するようにしてサイドマウントをとってもかまいません。この体勢からは打撃を出しやすいですが、相手の胸に圧力がかからなくなるので、動く余地を与えることになります。この体勢を選択したら、上の足で相手の上半身に近い部分を圧迫することと、腰を動かしてスペースを作れない位置に、両手・両腕を置くことが大切です。

> **ポイント!** 相手との間にスペースを作らないことを意識してください。「スペース=エスケープ」と覚えておきましょう。

サイドマウントからアームロック

打撃で攻撃するよりも、相手のコントロール（もしくは腕を折ること）を優先すべきだと感じたときに使います。

スターティングポジション

相手の右側からサイドマウントをとり、相手の左腕が外に出てきた状態から始める。

1 左手で相手の左手首を地面に押しつける。その際、親指を使わない「サムレスグリップ」で行なう。

2 相手の手の甲が地面についた状態で、腕の下から自分の右手をすべり込ませ、自分の左手首をつかむ（これもサムレスグリップで行なう）。相手が体を回して圧力から逃れようとしてくることがあるので、体と膝を寄せたまま、相手の上半身に体重をかけておく。

3 相手の手の甲を地面につけたまま腰の方へ滑らせ、同時に自分の右肘を上げる。これで相手の肘がクランク状に曲がり、肩に強い圧力がかかる。

サイドマウントからの打撃

クラヴマガでは、サイドマウントにかぎらず、上のポジションをとったらできるだけ打撃を使うように推奨しています。いちばんパワーを出せ、必要と思えばいつでも技をほどいて離れることができるからです。使える攻撃には次のようなものがあります。

攻撃 ①

側頭部へのエルボー

攻撃 ②

顔面へのハンマーパンチ

攻撃 ③

頭への膝蹴り

攻撃 ④

ボディへの膝蹴り

> **ポイント！** サイドポジションからの「テクニック」では、打撃以上に大切なことがあります（打撃自体はどれも基本的なものです）。それは、こちらが攻撃する一方で、「相手に決して有利な体勢をとらせない」ことです。練習では、攻撃を1つか2つ出すたびに、自分が安定したポジションを維持できているか確認しましょう。

攻撃 ⑤

ヘッドバット（安全な場合）

攻撃 ⑥

噛みつき

攻撃 ⑦

目突き

> **ヒント！** 攻撃は膝を使っても手を使ってもかまいませんが、つねに相手が腰を動かして体勢を変えようとしてくることを頭に置いておかなければなりません。たとえば、攻撃のために左の手を上げることで、相手にスペースを与え、距離を作られてしまうこともあります。

サイドマウントからフルマウントへの移行

サイドマウントは、上になったときのポジションとして優れていますが、フルマウントへの移行が必要な場合もあります。

スターティングポジション
サイドマウントをとった状態から始める。

1
相手の腰に近い方の膝を、相手の胃の上の辺りに滑らせる。空中へ膝を上げてしまうと、下から逃げられる危険性が生まれるので注意。また、あまり下半身寄りを滑らせようとすると、今度は相手の膝が邪魔になる。

2
膝と足が相手の体の向こう側に出たら、膝を地面につける。

3
もう一方の足を引きつけて、マウントポジションを完成させる。

バリエーション
膝でブロックされそうになったら、下の手でその膝を押し下げます。

ポイント！
全体を通じて、相手の腰側ではなく、できるだけ上半身（胸）側で動くことがポイントです。相手に体勢を整える余裕を与えないよう、つねに密着して行なってください。

サイドマウントをほどく（ニー・トゥ・ベリー）

サイドマウントも含めて、あらゆるポジションからの離れ方を知っておくことが大切です。以下のテクニックは、そのままのポジションで攻撃を続ける場合にも、短い攻撃ですぐに技をほどく場合にも使えます。

スターティングポジション
サイドマウントをとった状態から始める。

1
下の膝（相手の腰に近い方の膝）を相手の胃の辺りに滑らせる（前ページの「フルマウントへの移行」とほぼ同じ）。

2
膝と脛を相手の胃の辺りに押しつけながら、もう一方の足をつく。必ず体重を膝にかけ、相手に重さを感じさせておく。

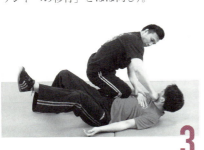

3
攻撃を続けて相手を無力化しつつ、そちらに気持ちを集中させる。

4
立ち上がって相手から素早く離れる。足をとられないように注意する。

バリエーション　攻撃中に相手の両腕を畳むか、トラップしておけば、さらに安全です。

Blue Belt

ブ ル ー ベ ル ト で 習 得 す る こ と

-このベルトの到達目標-
●より危険度の高い状況での対処方法を習得することに特化。

-おもなトレーニング内容-
●上級者向けの打撃コンビネーション、武器（ナイフ、銃、棒）に対する護身の
　テクニックを習得する。
●高度な寝技（グラウンドファイト）の習得も行なう。

-トレーニング期間の目安-
●週2〜3回のペースでトレーニングに参加した場合、およそ12カ月、加えて審
　査のうえブルーベルトテストの受験資格を得ることができます。

トレーニングガイド

　ブルーベルトは「上級者」のトレーニングになりますが、たとえ高いレベル
でも、クラヴマガのテクニックはシンプルです。ただし、ここでは攻撃的で断固
とした行動が要求されますので、**基本テクニックを身につけ、攻撃的トレーニン
グに慣れた**生徒が対象になります。おもなトレーニング内容には、次のようなも
のがあります。

①コンバティヴ
　ブルーベルトのコンバティヴのテクニックには、これまで以上の上級テクニッ
クが含まれていて、特にキックは、基本的なクラヴマガが推奨する範囲を超えた
動きになっています。

②ディフェンス
　引き続きキックのディフェンスを取り上げるほか、次のようなスティック(棒)、
ナイフ、拳銃という3種類の武器に対するディフェンスを紹介します。
A. スティックディフェンス
　スティックは、野球のバット、ビリヤードのキュー、アイロン、カーセキュリ
ティー用の棍棒はもちろん、石やハンマーなど、打撃に使えるもので、長い刃や

切っ先のないものすべてを含んでいます。スティックは相手にリーチの分だけ有利になるため、ディフェンスには、このアドバンテージを消してしまう動きであるバーストが含まれていなければなりません。

また新しいアタッカーに対処するためにスティックを奪う方法を知っておくことも大切です。しかし、相手との距離を詰めてしまえば、相手がスティックを持っていても、ほとんど危険はありません。スティックを奪うよりも、まずはディフェンスの動きを最後までやることに集中しましょう。

B. ナイフディフェンス

ナイフはスティックと違って、距離を詰めても大きな危険があります。十分な距離がとれるなら、推奨されるのはキックです。ナイフに対するキックディフェンスの基本ルールは、ナイフが下にあるときは上を蹴り、ナイフが上にあるときは下を蹴ることです。

また、ナイフディフェンスを理解するためには、一般的なナイフの握り方を知っていることが前提になります。基本的な3つの握り方は「レギュラー（オーバーヘッド）スタブ」「アンダーハンドスタブ」「ストレートスタブ」です。

レギュラー（オーバーヘッド）スタブ

アンダーハンドスタブ

ストレートスタブ

C. ガンディフェンス

拳銃による威嚇に対して共通する原理は、いったん射線から外れたら二度と戻るな、ということです。すべてのテクニックはこの基本原理に則っています。また、クラヴマガのテクニックはすべて次の4つの段階を進んでいきます。

1. 射線をそらす
2. 武器をコントロールする
3. 反撃する
4. 武器を奪う

たいていの場合、相前後する2つ（ふつうはコントロールと反撃）はオーバーラップします。ほかのテクニックと同じで、このディフェンスも、ストレス状況下で使えるものでなければなりません。

また、シンプルなバリエーションをいくつか与えられれば、あとは最少のテクニックで最大の可能性に対処できることが求められます。

インサイドチョップ

インサイドチョップは狙える場所が狭いときに使う技です。相手が顎を引いて肩を上げているようなときに、首を横から狙っていきます。

スターティングポジション 左足を前に出したファイティングスタンスで、相手が正面にいる状態から始める。

1 右手を頭の後ろに上げる。手のひらは下向きで、指を少し曲げて緊張させる。

2 腕を斜め下に振り下ろしながら、手のひらを鋭く返し、手の外側（小指側）を相手に打ち込む。腰を回してパワーを加える。

アウトサイドチョップ

インサイドチョップ同様に、狙える場所が狭いときに使う技です。相手が顎を引いて肩を上げているようなときに、首を横から狙っていきます。ハンマーフィストとよく似た形になります。

スターティングポジション 左足を前に出したファイティングスタンスで、相手が右側にいる状態から始める。

1 右手を上げる。手のひらは下向きで、指を少し曲げて緊張させる。

2 手の外側（小指側）で相手に打ち込む。腰を回してパワーを加える。

マウス・オヴ・ハンド

拳の上側の、親指と人差し指が合わさる部分で打つパンチです。アウトサイドから内側ないし外側へ向かって突き上げるように打ったり、水平に打ったりします。

スターティングポジション 左足を前に出したファイティングスタンスで、相手は正面。拳を作った状態から始める。

1

腕を前方上向きにスイングする。必ず肩を入れ、腰を回すこと。

2

当たる瞬間に肘を曲げることで、過伸展を防ぐとともにパワーを増大させる。

ヒント！ 打ち方なども含めて、ハンマーフィストの逆だと思えばよいでしょう。

アックスキック

かなりの柔軟性が必要なうえ、蹴る側が危険にさらされるキックのため、クラヴマガでは実戦的ではないと考えています。しかし、状況によっては有効な場合もあり、グラウンドファイティングには間違いなく応用できます。

スターティングポジション 左足を前に出したファイティングスタンスで、相手が正面にいる状態から始める。

後ろの足を、相手のわずかに外側から（右足で蹴る場合なら自分のやや左から）上げていく。

膝を伸ばしたまま、相手より足を高く振り上げ、強く振り下ろして踵を打ち込んでいく。

バリエーション
解説したやり方のほか、足をサイドから上げるのではなく、いったん膝を高く上げてしっかりと抱え込む方法もあります。そこから相手に向かって足を伸ばし、アックスキックを蹴り下ろします。

当たると同時に膝を曲げて関節を保護しつつ、パワーを増大させる。腰を使って斜め下向きに圧力をかけることで、蹴りに体重が乗る。

スピニング・アウトサイド・スラップキック

ラウンドキックやフロントキックに慣れている相手に対して、目先を変える目的で使います。相手が少しオフアングル（自分が右足を引いたファイティングスタンスで、相手が左斜め前）にいると、回転が少なくてすむため、キックを出しやすいでしょう。もちろん、360度のフルスピンで蹴ることも可能です。

スターティングポジション
左足を前に出したファイティングスタンスで、相手が正面にいる状態から始める。

1

前足（写真は左足）を軸に回転して、右肩越しに相手を見る。

2

頭と右肩を回すことに集中して、両肩が相手の前を通り過ぎるようにする。

ヒント！ 写真1のように、回転する前に斜め前に小さくステップしておくと、回転する角度を減らすことができます。

3

頭が一回転して両肩が相手と一直線になるところで、右の膝を胸の高さまで上げてくる。

4

肩が相手を通過したら、175ページのアウトサイド・スラップキックを打つ。

5

着地してファイティングスタンスをとり、相手に正対する。

スピニング・ヒールキック

スピンしてのヒールキックは、習得がもっとも難しいキックの1つです。自分の体を自由に扱える自信が不可欠です。しかし、前ページのスピニング・アウトサイド・スラップキックに比べれば、わずかながら実戦的です。武器になる部分（この場合は踵）は足の側面よりも硬く、また強いキックを放つのに必要な回転もやや少なくてすむからです。

スターティングポジション
左足を前に出したファイティングスタンスで、相手が正面にいる状態から始める。

1 前足（写真は左足）を斜め前に踏み出す。このステップにより、回転する角度が少なくなり、キックを打ちやすくなる。

左足を軸にして右向きにスピンする。頭と肩を速く回すことに気持ちを集中する。

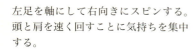

2

3 右肩が相手の方を向いた時点で右足を上げ、振り抜いてヒールキックを打つ。

バリエーション

最初の斜め前へのステップで左のパンチを出すと、フェイントをかけることができます。
本文の説明が難しく感じる人は、以下のトレーニング方法を試してみてください。
　①右足で 173 ページの通常のヒールキックを蹴ります。
　②右足を左足と交差させ、同じようにヒールキックを蹴ります。足をクロスさせたこのポジションが、スピニング・ヒールキックを蹴り出す寸前と、まったく同じ感覚になっているはずです。

次はファイティングスタンスから、キックなしでスピンする練習をしてみましょう。手を伸ばして相手に触れれば、どれくらいスピンしたか確認できます。両足をクロスしてヒールキックを打つときと、まったく同じポジションになっているはずです。

 踵で相手を打ち抜く。

ファイティングスタンスに戻って相手と正対する。

ヒント！ 上級者は、最初の斜めのステップを省いてもかまいません。

フォワードキックによるスイープ

ポジショニングとバランス、テコを使った足払いによる、いわば〝本当〟のスイープです。このテクニックを使うには、闘いの流れの中で自分が相手のサイドにきて、真横から相手を見ているか、2人とも前を向いていることが前提になります。

スターティングポジション 相手が右横にいて、2人とも前を向いている状態から始める。

1 シャツをつかむか、胸の部分に手を伸ばし、相手の上半身をコントロールする。

2 インサイドの足(写真は右足)を後ろに上げながら、相手を引っ張って踵に体重を乗せさせる。

3 右足で地面をこするくらいのところを払う。自分の足首の内側を、相手の足首の後ろに当てるようなイメージ(互いのつま先が同じ方向を向く)。

4 最後まで払いきると、当たったあとの足は空中に上がっていく。同時に右腕を使って相手を後ろに押し、地面に叩きつける。

ヒールキックによるスイープ

前ページのフォワードキックは、お互い前を向いた状態からでしたが、こちらは相手と向き合った状態のときに使うものです。

スターティングポジション

左足を前に出したファイティングスタンスで相手と向き合い、片手で相手のどちらかの肩をつかんだ状態から始める。このとき外側の足（左足）が、最低でも相手の両足を結んだ線上まで踏み込めていること。離れ過ぎていると自分がスイープされてしまう。

片手（写真は左手）で相手の右肩を引き、もう一方の手（右手）で左肩を押す。これで相手は少し後ろに傾き、重心も内側（写真では右側）に傾く。同時に右足を相手の足の後ろまで振りだす。

振り上げた右足で、相手の左足を払う。踵が地面をこするくらいにして、自分の足首の後ろが相手の足首の後ろに当たるようにする（つま先は相手のつま先と逆方向を向く。腰は相手のインサイドに少し傾く）。

踵を天井まで上げるつもりで大きくフォロースルーをとり、両手での引きと押しの動きを続けながら、相手の上半身を叩きつける。

ミドルからのハイキックに対する一般的なディフェンス

クラヴマガには、手を上げていても下げていても使える、ミドルからのハイキックに対する一般的なディフェンスがあります。特にキックの高さがとっさに判断できないときに有効です。また、バットで襲われたときやナイフで斬りつけられたとき、またヒールキックやスピニング・ヒールキック、ラウンドキックなどへの対処にも応用できます。

スターティングポジション
左足を前に出したファイティングスタンスから始める。

1

相手が右のハイキックを打ってきたら、それに合わせて（必要なら体を内側に入れて）肩をキックの方に向ける。左の肩を上げて、しっかり顎を引いて下顎を守りながら、左腕を下向きに伸ばして筋肉を締める。手の甲をキックの方に向けて、肘が露出しないようにする。同時に右手を上げてきて顔面をガードする。続けて顔面へのエルボーなどで反撃する。

> **ヒント！** できれば、ハイキックを打たれる前にバーストして間合いを詰め、キックのパワーが最大になる前に受けとめましょう。ステップする余裕のない場合でも、体を内側に傾けてキックに備えるようにします。ディフェンスは腕を伸ばして行ないますが、手は握っても開いてもかまいません。ただし、拳を握ると腕の筋肉が硬くなり、衝撃を吸収してくれるので、こちらの方が望ましいでしょう。いずれにしても、ブロックしてしまえば、そのまま蹴り足をトラップして、膝蹴りを打ったり、スイープしたりできます。

ハイ・ラウンドキックに対する
スライディングディフェンス

前ページの「ミドルからのハイキックに対する一般的なディフェンス」ではハイキックをブロックしましたが、クラヴマガでは相手からのハイキックの方向をそらす（この場合は「スライドさせる」）ディフェンスも活用しています。

スターティングポジション　左足を前に出したファイティングスタンスで、やや両手を下げて相手を誘うか、疲れたふりをして始める。

1

相手が右のハイ・ラウンドキックを打ってきたら、それに合わせて、上がってくる蹴り足の下に、突き刺すように左手を差し入れる（手は拳を作り、手のひらを地面に向ける）。同時に反対側の手を上げてきて顔面をガードする。

2

蹴り足が腕の上をスライドするのを感じたら、素早く腕を上げ、同時に斜め前方にバーストして、蹴りが入ってくる方向に踏み込む。これで相手の足が上がり、パワーが落ちて、股が大きく開く。すぐに「投げ」や「蹴り足をトラップしてパンチ」、233ページの「ヒールキックによるスイープ」などで反撃に移る。

ヒント!　両手を下げている状態のときも、同じディフェンスが使えます。ただし、動作が遅れた場合はスライドさせられないので、一般的なディフェンスの形になります。

ローからミドルのサイドキックに対する
プラッキングディフェンス

このディフェンスは、手を換えればライヴサイドでもデッドサイドでも使うことができますが、ライヴサイドで受けた方がやりやすいでしょう。その理由は、足ではなく踵をプラックできるからです。ボディディフェンスも、すでに腰が返っているため、こちらの方がシンプルに行なえます。

スターティングポジション 左足を前に出したファイティングスタンスから始める。

1

相手が右のミドル・サイドキックを打ってきたら、それに合わせて右手を伸ばしていく。手と前腕部を地面と平行に動かして、キックに対して角度を作らないようにする。

2

自分の手が入ってくる蹴り足を通り過ぎたところで、手前の方にプラックする。このとき肘と前腕部が自分の体のすぐそばを通るようにする。プラックする反動を利用して、左側のリードで体を前に出すようにボディディフェンスをとる。同時に両足でバーストして踏み込む。その後は反撃を続ける。

ヒント！ このテクニックは素早く行なう必要があります。ディフェンスする腕をできるかぎり速く動かします。なお、自分のデッドサイド側でディフェンスするときは、後ろの足で踏み込む必要があります。

スピニング・ヒールキックに対するスライディングディフェンス

235ページの「ハイ・ラウンドキックに対するスライディングディフェンス」と、原理と力学はまったく同じです。こちらはハイキックではなく、スピニング・ヒールキックの方向をそらします。

スターティングポジション 左足を前に出したファイティングスタンスから始める。

1

相手が右のスピニング・ヒールキックを出してきたら、それに合わせて斜め前にバーストする。このとき左手を顔の前に上げてきて顔面をガードする（タイミングが遅れると、スピニングバックフィストや肘が飛んでくることがある）。前進することで、相手の右腰がスピンしてくるところへ向かっていくことになる。

2

右腕を、相手の膝のすぐ下にスライドさせるつもりで突き出す。

3

キックに触れると同時に腕を上げ、勢いを殺す。蹴り足をキャッチできたら、「そのままトラップして打撃」「足を押し上げて投げる」「足をトラップしてスイープ」などにより反撃する。

スピニング・ヒールキックに対する
ディフェンス

ここではファイティングスタンスからの動きを解説していますが、ニュートラルスタンスからも行なうことができます。ただし、比較的早い段階で蹴りを見抜いていることが前提となります。

| スターティングポジション | 左足を前に出したファイティングスタンスから始める。 |

1

相手が右のスピニング・ヒールキックを打ってきたら、それに合わせて右足で、57 ページのディフェンシヴフロントキックを出す。蹴るのは、相手の尻のすぐ下（腿のいちばん上の部分）。キックの軌道が高くて止めきれないときのために、必ず両手を上げてガードしておくこと。

オーバーヘッドスイングに対するスティックディフェンス

相手が肩より高い地点から振り下ろしてくる攻撃は、ほぼすべて「オーバーヘッドスイング」と呼ばれます。軌道は真上からのこともあれば、やや角度がついている場合もあります。

スターティングポジション ニュートラル（またはパッシヴ）スタンスから始める。

1

相手が右手でスティックを振り上げるのに合わせて、両手を頭の方へ上げてくる。指を伸ばし、腕の手刀の部分を下に向ける。脇を締め、ディフェンスする腕がスティックに対して角度を作らず、真っすぐになるようにしておく。頭は下げるが目は前を見る。足が動き出す前に、体ごと前傾する（この小さな動きが、スティックをすり抜けるのに役立つ）。

2

ディフェンスする腕（ふつうは左腕）を、相手の手首の内側に突き刺すように差し入れ、両足でバーストして踏み込みながら、もう一方の手で顔面にパンチを打ち込む。このとき、両肩が相手と正対していること。これで頭部がむき出しになるのを防ぐことができる。

3

ディフェンスできたと感じたら、すぐに両手で相手の肩をつかみ、膝蹴りを打ち込む。

ヒント！ 基本のディフェンスが理解できたら、相手に違った角度からスイングしてもらいます。どの角度から攻撃を受けても、スイングしてくる手首のすぐ内側に手を差し入れるようにします。

ヒント！ ディフェンスする手を差し入れるのが遅れたら、手首の代わりにスティックそのものをブロックします。スティックに対して角度を作りさえしなければ、問題はないはずです。

バリエーション

武器の奪取①

相手が弱ってきたら、相手の右腕に沿って左手をスライドし、スティックの端を握る。

1

握ったスティックを引くと同時に、右手の掌底を相手の側頭部に打ち込む。相手の手から離れたスティックを奪い取る。

2

武器の奪取②

相手が弱ってきたら、相手の右腕に沿って左手をスライドして、スティックの端を握る。肘を畳んで、内回しで自分に引きつけると、相手の手首が反り返る。

1

脇を締め、相手の手を払うように、上半身をアウトサイド（左）に回転させると、相手の手からスティックが離れる。

2

武器の奪取③

相手が弱ってきたら、相手の右腕に沿って左手をスライドして、スティックの端を握る。

1

脇を締め、時計回りにスティックをひねりながら、上半身をインサイド（右）に回転させる。相手の腕がひねられている状態になる。

2

勢いよく上半身をアウトサイド（左）に回転させながら、左手を下向きに動かし、スティックを奪う。

3

オフアングルまたはデッドサイドからの
オーバーヘッドスイングに対するスティック

スターティングポジション

たいていのオーバーヘッドスイングは、ライヴサイドでディフェンスするほうが確実です。しかし、極端な角度から攻撃された場合——たとえば、右利きの相手が自分の右横の遠い間合いからスイングしてきたときは、オフアングル（＝デッドサイド）でディフェンスするしかありません。

ニュートラル（またはパッシヴ）スタンスから始める。

相手が右側から、右手でスティックをスイングしてきたら、近い側（右）の手を上げて、相手の手首のアウトサイドに突き出す。このとき、スティックに対して角度を作らないこと。手を上げながら、肩を回して相手と正対し、前傾してスティックをすり抜ける。 **1**

そのままアウトサイド（この場合は左）の足で踏み込み、バーストして間合いを詰める。相手の腕をつかみ、スティックをリダイレクトしながら半回転して、武器をトラップするか、押さえるかする。 **2**

ディフェンス

相手の腕をキャッチしてパンチで反撃し、武器を奪う。

3

奪った武器で素早く反撃する。なるべく小さくスイングして、相手の左手でブロックされたり、奪い返されたりしないようにする。

4

> **バリエーション**
> 左足でなくインサイドの足（この場合は右足）でバーストする方法もあります。スティックをリダイレクトすると同時に、左足で踏み込んで反撃します。このディフェンスは、後ろから第2の敵が迫っているときに使うと、その敵との距離を広げることができます。

ベースボールバットスイング（水平のスイング）に対するスティックディフェンス

スターティングポジション
▼

239〜243ページのオーバーヘッドスイングへの防御では、スティックの方向をそらすリダイレクトのディフェンスを行ないますが、ベースボールバットスイングに対しては、攻撃を止めるストッピングディフェンスを行ないます。スイングがオーバーヘッドか、ベースボールバットか判断できないときは、オーバーヘッドスイングに対するディフェンスを行ないます。

ニュートラル（またはパッシヴ）スタンスから始める。

1

相手が右手にスティックを持ち、左腕に向けて水平に振ってくるのに合わせて、左肩を入れてスティックの方に向ける。同時に相手の腕ないし肩の方向に前傾し、左腕を体に沿って下向きに伸ばす（体には触れない）。肘でなく、腕の肉のついた側が入ってくるスティックの方を向いていること。右手を上げて、顔面の左側をガードする（234ページの「ミドルからハイのキックに対する一般的なディフェンス」とよく似た形になる）。

2

前方にバーストしてスティックの内側に飛び込む。インパクトの瞬間に左腕を少し前に跳ね上げて、相手の体への衝撃を大きくする。スティックそのものをディフェンスする場合には、スティックが動き出す前にキャッチすること。

バリエーション

相手が弱ってきたと感じたら、右手を上から回してスティックの先端をつかみ、下向きに「U」の字を描くようにして、一気にスティックを奪います。

3

インパクトしたらすぐに左手を上げて、スティックを握った腕をトラップし、同時に右の肘で相手の顔面を打つ。

4

膝蹴りでフォローする。

ヒント！ 左腕を下げているときも、必ず肩を上げて顎をガードしておくこと。実戦では、前方にバーストする時間がないこともあります。だからこそ、体を内側に回しておくことが大切です。これによって、足を動かさなくても体が前に動き、スティックをかわすことができます。

遠い間合いからのナイフ攻撃に対するキックディフェンス

スターティングポジション
ニュートラル（またはパッシヴ）スタンスから始める。

キックを使ったディフェンスはすべて、相手が離れたところにいて、刺す気で近づいてくる状況を前提としています。そのため、攻撃に気づくのが遅れると、キックディフェンスは行なえません。以前はナイフの握り方によって、違ったキックディフェンスをしていましたが、現在はキックの種類よりも、できるだけ早い段階で蹴り出すことを重視。どんな攻撃にも相手の体の正中線にキックを打つようにしています。実戦ではナイフが見えないことが多く、握りのタイプが判断できないからです。

1

相手が近づいてきたら、56ページの「オフェンシヴフロントキック」や57ページの「ディフェンシヴフロントキック」と同じ要領で、前方にバーストしてキックを打つ。すぐに距離をとり、武器に使える物を探すか、逃げるかする。

バリエーション　距離をとらずに、そのまま攻撃を続けて相手を完全に倒します。その場合はナイフを持った相手の腕を、両手でコントロールします。

ヒント!　前進する時間がなくても、とにかくキックを打ってください。どちらの場合も腰を突き出して、できるだけ体を〝長く〟使うようにしてください。破壊力が増すだけでなく、物理的にナイフから距離をとる意味もあります。

ストレートスタブに対する
キックディフェンス（ベイルアウト）

ナイフでの攻撃がくることに気づき、攻撃のラインから外れて「ベイルアウト」（脱出）するときに用います。ストレートスタブによるナイフ攻撃に気づかなかった場合は、前ページのように、通常のフロントキックを行ないます。

スターティングポジション　ニュートラル（またはパッシヴ）スタンスから始める。

1

相手がナイフを突き出してきたら、左足を斜め前に踏み出して体を「ベイルアウト」する。このとき右肩を左膝にかぶせるようにして、相手が攻撃してくるラインの外に出す。このボディディフェンスをとりながらラウンドキックを出し、母指球で股間を蹴る。すぐに足を戻して離れ、逃げる方向を探すか、盾や武器になりそうな物を手にとる。

バリエーション

攻撃を続けて武器を奪うこともできます。しかし、実戦で行なうのは難しいため、テクニックとしての習得は求めません。参考のために紹介しておくと、ラウンドキックを蹴ったあと、足を戻して抱え込み、サイドキックにつなぎます。サイドキックを相手の膝の外側に打ち込み、同時にナイフを持った手を右手でコントロールします。

正面からの銃に対するディフェンス

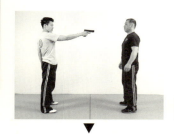

相手が右手に銃を持っている前提でお話しします。なお、トレーニングでは、絶対に指を引き金にかけないようにしてください。骨折する怖れがあります。

スターティングポジション ニュートラル（またはパッシヴ）スタンスから始める。

1

2

相手が右手で銃を構えたら、すっと左手を銃に向かって一直線に伸ばす。人差し指の横の部分を銃のサイドに当て、真っすぐに右へ押す。この動きで銃口は生死に関わる部分（胸の中央）から、そうでない部分、そして最終的に完全に自分からそれていく。その際、銃は地面と平行に動かすこと。上下を問わず、斜めの動きになると、それだけ銃口が自分に向いている時間が長くなり、危険度が増す。銃を右へ押すのと同時に、左肩を前に出してボディディフェンスをとる。足を動かさなくても動きが加わり、相手の方に体重が移っていく。

銃口が自分の体のラインから出たら、瞬時に銃を握り、叩くようにして、さらに銃口の向きをそらせる。銃と体の角度はおよそ90度、ほぼ水平方向を向かせる。この時点ですでに銃に体重がかかっているので、両足を使って前方にバーストし、ファイティングスタンスをとる。左足は相手の右足の少し外側に運ぶ。たいてい銃は相手の胃の辺りにくるが、相手のボディポジションは予想しきれないため、そうなっていなくてもかまわない。大切なのは、銃口がこちらを向かない状態で、自分の右腿の前にあること。そして、銃に体重をかけて、押さえていることだ。

248 | Complete Krav Maga

P250に続く→

> **ヒント！** 最初のリダイレクトでは、体のほかの部分は決して動かしてはいけません。前傾もなし、緊張もなし、足の動きもなしです。「ステップ2」でリダイレクトした時点で、パンチを打つために右手が上がってきていてもかまいませんが、射線に入らないように自分の体のそばを通します。

3

銃に体重をかけたまま、右のパンチを相手の顔面に叩き込む。体重はつねに銃にかけておくこと。

4

パンチを戻し、その腕を、射線に入らないように自分の体に沿って下ろしていって、銃の撃鉄か、スライド部分の後ろをつかむ。

5

銃を鋭く90度回転させ、引きちぎるようにして、自分の右側に引いて銃を奪う。これで相手の指が折れることもある。

6

武器を奪ったらすぐにバックステップして、安全な距離をとる。

> **ポイント！**
>
> 前ページの「ステップ4」から「ステップ5」の間の動きは、下の写真のとおりです。銃を90度回転させることで、相手の手首がひねられるため、簡単に銃を奪うことができます。

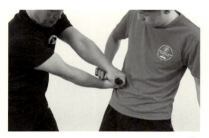

1

2

> **ヒント！**
>
> 相手から銃を奪取しても、銃がどんな状態かはわかりません。以下の方法（動作）を必ず実施してください。海外では何が起こるかわからないので、頭に入れておきましょう。

1

右手で銃を握り持った状態で、左手でマガジン（弾倉）を叩く（タップする）。

2

手のひらで覆いかぶせるようにしてスライドをつかんで引く（ラックする）ことで、銃の状態の確認および弾を再装填する（タップ＆ラックと覚えておくとよい）。

3

相手と距離がとれたら、両手を伸ばして銃口を相手に真っすぐ向け、構える。相手の動きをつねに観察しておく。

バリエーション

基本的な対処は「正面からの銃に対するディフェンス」と同じですが、1つだけ違うところがあります。手が銃に触れるよりも先に頭を動かすくらいのつもりで、早い段階でボディディフェンスをとる点です（もちろん、実際には、手がつねに動きをリードします）。体全体を動かすより、頭だけ射線から外す方が速くてシンプルです。

頭に銃を突きつけられたときのディフェンス

1

2

3

側頭部への銃に対するディフェンス

相手が右手に銃を持っている前提でお話しします。基本的には、前項の「正面からの銃に対するディフェンス」と同じテクニックになります。

スターティングポジション

ニュートラル（パッシヴ）スタンスで、銃を持った敵が左側にいる状態から始める。

▼

1

相手が右手で銃を突きつけてきたら、左手を体に沿って上げる（肘は後ろ向きのまま）。手が銃の近くまできたら、頭を後ろに傾けてボディディフェンスをとり始める。タイミングとしては、前項の「正面からの銃に対するディフェンス」と同じ。指を使って銃を前方にリダイレクトし、銃身をつかむ。

つかんだらすぐに銃口をそらし、自分から約90度の方向を向かせ、体重をかけて相手の腹をパンチするように銃をコントロールする。空いている手（右手）でパンチを打つ。

パンチを戻し、その腕を、射線に入らないように自分の体に沿って下ろしていき、銃の撃鉄か、スライド部分の後ろをつかむ。

相手の方へバーストしながら、銃を鋭く90度回転させ、引きちぎるようにして、自分の右側に引いて銃を奪う。

武器を奪ったらすぐにバックステップして、安全な距離をとる。

ヒント！ 最後は「正面からの銃に対するディフェンス」とまったく同じ形になります。

横からの銃に対するディフェンス
（銃が自分の腕の後ろにある場合）

相手が右手に銃を持っている前提でお話しします。銃口を体のラインから外して、安全な状態から攻撃します

スターティングポジション

ニュートラル（またはパッシヴ）スタンスで、銃を持った相手が左側にいる状態から始める。

1

相手が左腕の後ろから銃を突きつけてきたら、腕を使って体の後方へ小さくリダイレクトする。

2

回転して相手の方を向き、左手（リダイレクトに使った手）を相手へ伸ばす。自分の腕を、相手の腕の下を滑らせるようなイメージで行なう。足を動かすよりも先に、できるだけ深く腕を差す。

3

左手を伸ばす動きを続けながら、左足が相手の右足の外にくるくらいまで、思い切って深く踏み込む。包み込むように左手を上げて、拳を胸にしっかりとつけ、前腕部で銃を確実にホールドする。後ろの腕（右腕）で相手の顔面にエルボーを叩き込む。このとき、もう一方の手（左手）を後ろに滑らせて、相手の前腕部ではなく手首を押さえる。

> **ポイント！** 拳を自分の胸に押しつけ、肩を前に押し出して、相手の手首を確実にホールドしてください。肩だけで押すのであって、上半身全体は動かさないように注意しましょう。

膝蹴りをフォローする。

空いた手（右手）を、小指側を上にして伸ばして、銃身をつかむ。

スナップを利かせて肘を下げ、銃のグリップを外す。

銃を持ち上げて、引き金から相手の指を離す。

肘または銃口で相手の側頭部を打つ。打ったらすぐに離れて距離をとる。

横からの銃に対するディフェンス
（銃が自分の腕の前にあって触れている場合）

クラヴマガで唯一、リダイレクトからコントロール、武器の奪取まで行ない、反撃するテクニックです。反撃が遅れるため、望ましい順序ではありませんが、このポジションからは最善の動きです。相手が右手に銃を持っている前提でお話しします。

スターティングポジション　ニュートラル（またはパッシヴ）スタンスで、銃を持った相手が左側にいる状態から始める。

1　相手が腕の前から銃を突きつけてきたら、指は下向き、手のひらを前向きにして、左手を体に沿って滑らせるように上げる。そのまま、相手の手首をキャッチする。

2　自分の手を留め具にして、相手の手首を曲げさせないようにしながら、銃を自分の前方に押してリダイレクトする。同時に腹筋を締め、相手の斜め左にステップする。

P258に続く→

ヒント ステップ4で銃を押し下げるとき、親指ごと押しつけるとさらに痛みが加わります。

3

前進しながら、射線に入らないように注意して、右手で銃身をつかむ。このとき4本の指を下に、親指を上に向けておく。コントロールする前に銃を自分に向けられないようにする。バランスを崩さないよう、両膝を少し曲げて、母指球に体重を乗せておく。

4

インサイドの手（左手）で相手の手首を引き、アウトサイド（右）の肩を鋭く入れて、銃を内側のやや下向きに回転させる。これで相手の手から銃が離れる。

5

右手を使って、相手から自分の体の方向に銃を奪い取る。左手で顔面にパンチを打ち込み、さらに銃口を叩きつける。素早く後退して安全な距離をとる。

バリエーション

銃を腹の右側に向けられたときも、防御する方法があります。

1

銃を腹に押し込んでくるのに合わせて右手で相手の手首をつかむのと同時に、体を射線から外す。

2

左手を体に沿って前へ滑らせ、銃口をつかむ。脇をきっちりと締めて、しっかりグリップを支える。

3

相手の腕を引きながらバーストして、膝蹴りを打つ。

4

相手が体を丸めたところに、頭突きをフォローする。

5

銃口が相手の方に向くように、銃（手首）をひねり、奪取する。

6

銃口が相手に向いた形を保ちながら、銃を持った左手で、マズル（銃口）で打つ。

正面からの銃に対するディフェンス
（腹に銃を押しつけられた場合）

後ずさりするほど銃を強く押しつけられた場合、脱出するのは簡単なことではありません。銃が腹に食い込んでいるようなら、248ページの「正面からの銃に対するディフェンス」のテクニックは使えません。そんなときは、256ページの「横からの銃に対するディフェンス（銃が自分の腕の前にあって触れている場合）」を応用します。以下の例では、自分が右側へステップバックするパターンを解説します。

スターティングポジション　ニュートラル（またはパッシヴ）スタンスで、相手が銃を腹に押しつけてきた状態から始める。

1　銃を腹に押し込んでくるのに合わせて右の腰を回し、同時に左手を滑らせて、手首をつかんで銃をリダイレクトする。256ページの「横からの銃に対するディフェンス（銃が自分の腕の前にあって触れている場合）」と、やり方はまったく同じである）。相手が押してくる力と自分の腰の回転で、右足が後ろにステップしてもかまわない。大切なのは、自分の動きを相手に悟られないように、足より先に体を動かすことである。

2　右手を体に沿って前へ滑らせ、銃口をつかむ。脇をきっちりと締めて、しっかりグリップを支える。

3　「横からの銃に対するディフェンス（銃が自分の腕の前にあって触れている場合）」と同じ動きで武器を奪い、反撃につないでいく。

後ろからの銃に対するディフェンス
（銃が体に触れている場合）

後ろからの銃に対するディフェンスは、小さな点がいくつか違うだけで、254ページの「横からの銃に対するディフェンス（銃が自分の腕の後ろにある場合）」と同じです。

スターティングポジション　ニュートラル（またはパッシヴ）スタンスで、銃を持った相手が後ろに立った状態から始める。

1　銃を右手に持って背中に突きつけてきたら、すぐに後ろを見る。体に触れているのが何かを気にする必要はない。ただし、銃が逆の手にないことだけは確認しておく。

2　左腕のリードで体を十分に回して銃をリダイレクトし、体を射線から外す。このボディディフェンスをすることで、足が動くより早く、相手に向かって体を傾けることになる。

3　そのまま左手を伸ばし、自分の左足が相手の右足の外にくるくらいまで、思い切りよく深くバーストする。

ヒント！　銃の位置が低い場合には、ボディディフェンスだけでなく、腕でのリダイレクトも併用します。銃が背中の高い位置にある場合には、腕ではほとんど効果がないので、大半はボディディフェンスによるリダイレクトです。ただしその場合でも、腕は回転を補助します。

P262に続く→

包み込むように左腕を上げ、拳を胸にしっかりとつけて、前腕部で銃を確実にホールドする。後ろの腕で相手の顔面にエルボーを叩き込む。このとき、もう一方の腕（左腕）を後ろに滑らせて、相手の前腕部ではなく手首を押さえるようにする。

4

股間へのキックをフォローする。

5

ガンディフェンス

空いた方の手（右手）を、小指を
上にして回して銃身をつかむ。

スナップを利かせて肘を下げ、銃
のグリップを外す。

銃を持ち上げて、相手の指を引き金から離
したら、エルボーか、銃口での打撃を叩き
込み、すぐに離れて距離をとる。

キャヴァリエ ①

キャヴァリエとは、「リストロック」のことで、もともとは「騎士」を意味する言葉です。初期のクラヴマガでは、リストロックは派手な技として考えられていたためです。

スターティングポジション 相手の右手首を左手でつかみ、つかんだ手の上をキャップするように右手をかぶせた状態から始める。

1 相手の手の甲がこちらを向く形で、右手首を左手でつかむ。左手で引きながら、上半身や足の力も使って、右手で押さえつける。自分の前腕部の長さくらいの距離をキープして行なう。

2 右足を軸に左に回転し、同時に相手の腕を押し下げて、地面に倒す。

3 倒したら、相手の腕を鋭く逆にひねって、立ち上がれないようにする。両膝を軽く曲げ、重心を落とし、安定した姿勢で相手をコントロールする。背中を丸めたり、腰を曲げたりすると、バランスを崩すので注意。

ヒント! 相手の手首をひねるというより、手先を手首の方に押す感じで極める。

キャヴァリエ②

前ページの「キャヴァリエ①」との違いは、「回転」ではなく、「バースト」で倒す点です。

スターティングポジション

相手の右手首を左手でつかみ、つかんだ手の上をキャップするように右手をかぶせた状態から始める。

1

相手の手の甲がこちらを向く形で、右手首を左手でつかむ。左手で引きながら、上半身や足の力も使って、右手で押さえつける。自分の前腕部の長さくらいの距離をキープして行なう。

2

前方にバーストしながら相手の腕を肩の外側へ押し、そのまま押し下げて、地面に倒す。必要なら、相手が倒れるときにも前進を続ける。

3

倒したら、相手の腕を鋭く逆にひねって、立ち上がれないようにする。両膝を軽く曲げ、相手をコントロールする。背中を丸めたり、腰を曲げたりすると、バランスを崩すので注意。

キャヴァリエ③

手に持った物を離させるなど、相手の手を開かせるために使うことの多いキャヴァリエです。原理は①や②と同じですが、手先と手首を持つのではなく、両手で手首をつかんで、親指で相手の手の甲を押してやることで相手の手を開かせます。

スターティングポジション

拳を握った相手の手と手首を両手でつかみ、両手の親指を相手の手の甲に当てた状態から始める。

相手の手と手首を両手でつかんだら、人差し指から小指までの8本の指で引き、2本の親指で押しながら、相手の手を手首に向かって押し下げる。これで相手の手が開く。回した自分の指が邪魔をして、相手の手首が曲げられなくならないように注意する。ここから「キャヴァリエ①」「キャヴァリエ②」のように、テイクダウンすることもできる。

1

キャヴァリエ④

相手の手首が強過ぎる場合や、手に持った物を叩き落としたいときに使います。

スターティングポジション
拳を握った相手の手と手首を両手でつかみ、両手の親指を相手の手の甲に当てた状態から始める。

▼

相手の手と手首を両手でつかんだら、片手を離し、相手の手首に肘を打ち込む。手首が折れるのを感じたら、すぐに前腕部で押さえつけてテイクダウンする。

1

ガードの中の相手への首絞め攻撃

ガードの中からパンチを打ってくる相手は、パンチにウェイトを乗せようとして前のめりになります。パンチを打つことに気をとられているようなら、立ち上がるよりも組み技にいった方が有効です。

スターティングポジション 仰向けになって、相手をガードの中にとらえた状態から始める。

1 相手が右のパンチを打ってきたら、左手を使ってパンチをリダイレクトし、逆の肩（右肩）の方へ流す。相手の勢いと両足の力を使って、相手を自分のすぐ近くに引き込む。

2 相手の頭を包み込むように右腕を巻きつける。

3 リダイレクトに使った左手を、相手の側頭部と額の間辺りに差し込む。

4 差し込んだ左手で頭をひねるように押しながら、右足を相手の胴に回して、相手の体が裏返るような向きに押す。そのまま締め上げる。

ヒント！ 最後の首絞めで、頭を押しつけるようにすると、さらに圧力を加えられます。

トライアングルチョーク

グリーンベルトで解説した、202ページの「ガードからのアームバー」のバリエーションです。相手がガードの中にいるときに使うもので、特に相手がガードから逃れようとして、体と足の間に腕をねじ込んできたときに効果的です。

スターティングポジション 仰向けになって、相手をガードの中にとらえた状態から始める。

1

ガードから逃れるために、相手が左手を右足の下にすべり込ませようとしてきたら、もう一方の腕（写真は右腕）の肘の上の部分をつかむ。右足を相手の首の後ろに回す。

2

左足を上げて、右足の上からクロスする。右足が左足の膝裏に当たる形にして、そのまま締め上げる。相手の抵抗などでしっかり締められないときには、空いた手を伸ばして相手の後頭部をつかみ、内側へ押し込むようにする。

ヒント! 技が決まらなくても、いつでも顔面にパンチを打つことができます。

ガードのボトムポジション
（ギロチンによる攻撃）

このテクニックは単独でも行なえますが、まずは204ページの「シットアップ・アンド・スイープ」を試みて、失敗したらこの攻撃に移るという方法もあります。

スターティングポジション 仰向けになって、相手をガードの中にとらえた状態から始める。

1 相手がガードの中で体重を後ろにかけたら、体を起こして足首のロックを外す。左手を地面につき、相手の右肩をつかむような感じで右手を伸ばす。

2 相手の後頭部を包み込むように右腕を巻きつけ、さらに顎の下まで巻き込む。

3 左手で自分の右手をつかむ（腰を少し後ろに引く必要があることも）。

4 もう一度両足を相手の胴に回し、足首を組み合わせて仰向けになる。

5 両腕を引きつけながら、両足を使って相手の体を伸ばし、首を絞める。

ガードのボトムポジション
（ギロチンに対するディフェンス）

自分がガードの中にいるときに、相手からギロチンを仕掛けられることがあります。相手がギロチンを仕掛けてくると感じたら、ガードから跳び出し、サイドマウントに移行するのがベストです。ただし、一度、ギロチンの体勢に入ってしまった場合には、以下の方法で脱出を試みます。

スターティングポジション
相手がガードでホールドし、右手を差し入れて首をとろうとしてきた状態から始める。

1
相手の腕が首に巻きついてくるのを感じたら、すぐに顎を引く。左手で相手の両手をプラックして、圧力を緩める。同時に右腕を相手の首に回す。これで相手は、足を使って体を伸ばすのが難しくなる。

2
腰を上げ、両足を大きく開いて相手にのしかかる。両足と右腕、肩を使って三脚を作るようなイメージで行なう。

3
体重をかけて、肩を相手の首や喉に押しつける。相手はギロチンの形をキープできなくなってくる。片方の足（写真は右足）を上げ、相手の足をまたいでガードの外に出す。

4

相手の左腿を支えにして左手で押し、体を反時計周りに回しながら、左足を抜きにかかる。

5

左足が抜けたら、素早くサイドマウントをとる

ガードでの後ろからのヘッドロック

クラヴマガでは、グラップリング（組み技）やサブミッション（関節技）の動きをあまり推奨していませんが、後ろからのヘッドロック（または「頸動脈締め」「裸締め」）は知っておいた方がいいでしょう。使う場面があるかもしれませんし、パートナーがディフェンスを学んでいるときの相手として技を正しく使えれば、練習にも大いに役に立ちます。基本的なポイントは、上になったときにも、下になったときにも応用できます。

スターティングポジション 仰向けのところへ、相手が背中を下にして乗ってきた状態から始める。

1 両足を相手の体に巻きつけ、踵を相手の腿の、股間のすぐ下の辺りまで深くかける。これを「フックを入れる」という。このポジションから相手がエスケープするのは難しい。右腕を相手の首に回し、肘の曲がった部分を喉に当てる。

2 右手で自分の左の上腕二頭筋をつかむ。

3 左手を自分の左の側頭部に持ってくる。左右の肘を締め、胸を張る。前腕部で首の片側を締め、同時に上腕部で反対側を締める。首の頸動脈に圧力をかけることで、一時的に脳への血流を遮断するのが狙いだ。

後ろからのヘッドロックに対する
ディフェンス

相手にバックをとられ、仰向けの体勢からバーアームや頸動脈締めを仕掛けられたときのテクニックです。たいてい相手は、こちらの足に踵をフックしてきます。立ち技でのヘッドロックの原理や動きが、そのままグラウンドにも当てはまることを覚えておきましょう。

スターティングポジション 相手のガードの中で仰向けになった状態から始める。

1
相手がヘッドロックを掛けてきたら、攻めてくるのと逆側へ顎を回して、首絞めの圧力を緩める。両手を後ろ向きに上げて、相手が組んだ手のところをプラックする。

2
両足を使って両肩でせり上がる。ホールドされている側の肩（相手が右腕で締めてきていたら右肩）へ向かって動きながら、自分の頭か肩（または両方）が地面につくまで押し続ける。相手の足の上に乗る形になってもかまわない。この時点でヘッドロックは利かなくなっている。

3
鋭く内側に回転する。たいていはガードの中か、サイドマウントの形になって、相手の上に乗っている状態になる。そのまま反撃につないでいく。

グラウンドポジションでのプラッキングには、立ち技バージョンほどの効果はありません。ここでも、目的は圧力を緩めることです。

テイクダウン①
（シンプル・テイクダウン）

シンプルなテイクダウンですので、テクニックはほとんど必要ありません。

スターティングポジション 左足を前に出したファイティングスタンスで、相手と正対した状態から始める。

1 相手の懐に飛び込み、低く体を沈めて、両腕を相手の両足に巻きつける。頭と肩は相手の胃の辺りにくる。両手は組んでもよいし、それぞれの足に片手ずつかけてもよい。

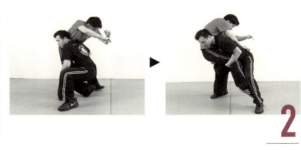

2 相手の足を手前の、少し左寄りに引きつける。同時に、足の力を使って相手の腹に体重をかける。

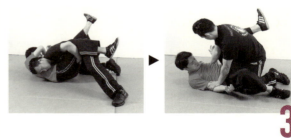

3 倒したあと、グラウンドでの攻撃を続けたければ、すぐに相手の上半身寄りに移動して、それから攻撃する。攻撃しない場合は、相手を寝かせたまま、技をほどいて立ち上がる。

> **ヒント！** シンプルな分、ディフェンスもされやすいテイクダウンです。ふつうにタックルを切られたり、頭を押さえられただけでも、前に出られなくなります。しかし、一般の人を相手にするなら、効果的なテイクダウンといえます。

テイクダウン②
（ダブルレッグ・テイクダウン）

同じくシンプルなテイクダウンですが、少しテクニックが必要になります。ここでは、相手の少し右へ移動してテイクダウンするケースでお話しします。

| スターティングポジション | 左足を前に出したファイティングスタンスで、相手と正対した状態から始める。 |

1

体を沈めて素早く踏み込み、両手で相手の両足を抱き込む。このとき、自分の腰のすぐ下に自分の両足がくるようにする。また相手の膝に近づくときには、両手を上げて顔面をガードしておく。頭は相手の右腰の外側にくる（「ヒント！」参照）。

2

腰を落とし、両足の力で相手を地面から少し浮かせる（高く持ち上げる必要はない。足がわずかに地面から離れる程度で十分）。両腕を使って相手の両足を左に払い、同時に頭で押しながら、相手の上半身を右に誘導する。

3

相手が地面に倒れたら、そのままサイドマウントの体勢に入る。

ヒント！ 自分の腰が相手のすぐ近く、かつ自分の肩の真下にあって、胸が起きていることが非常に大切です。この体勢なら、ディフェンダーが頭を押さえてディフェンスしたり、ギロチンチョークで反撃したりするのは難しくなります。

Complete Krav Maga | **275**

テイクダウン③
(トー・ピック)

片足をとるだけでよく、腰を相手に寄せきれなくても相手を倒すことのできるテイクダウンです。

スターティングポジション 左足を前に出したファイティングスタンスで、相手と正対した状態から始める。

1 体を沈めて素早く踏み込み、両腕を相手の片足に巻きつける（写真は、非常に低い体勢で——たとえば、相手に押さえられたような感じで——足首の辺りをキャッチした想定）。

2 相手の足を手前やや上向きに引き、同時に肩を相手の脛の、膝の少し下の部分に押し当てる。両足の力を使って肩の押しを補助する（乱暴に行なうとパートナーが膝を痛めるので、トレーニングの際は気をつける）。

3 倒したあと、グラウンドでの攻撃を続けたければ、すぐに相手の上半身寄りに移動して、サイドマウントをとる。攻撃しない場合は、後ろにステップして立ち上がる。

Brown Belt

ブラウンベルトで習得すること

-このベルトの到達目標-
●最上級のブラックベルトのテストに向けた最後のレベル。

-おもなトレーニング内容-
●攻撃の角度はいままで以上に対処が難しく、ストレスレベルも上がる。

●火器を持つアタッカーを相手にする技では、拳銃だけでなく、ショットガン
や突撃銃といった長銃も扱う。

-トレーニング期間の目安-
●これまでの経験、技量を審査のうえ受験資格を得ることができます。

トレーニングガイド

　ブラウンベルトのトレーニングを終了する頃には、部屋の中央に目を閉じて
立った状態からでも、ベアハッグ、首絞め、さらには武器による攻撃など、**あ
らゆる種類の攻撃から身を守れると感じられるようになる**はずです。おもなトレー
ニング内容には、次のようなものがあります。

①コンバティヴ

　ブラウンベルトで解説するコンバティヴ・テクニックには、これまで以上の上
級テクニックが含まれていて、特にキックでは、クラヴマガで強調する基本以上
の動きをするものも出てきます。「スイッチキック」（P282 〜 285）のようなコ
ンビネーションも数多く登場します。

　スイッチキックでは、第1のキックを戻すときにはすでに第2のキックが動き
出している、というところがポイントです。この「スイッチ」があってこそ、キッ
クは本当のコンビネーションとなります。

②スロー

　ブラウンベルトでは、これまでのレベルでは強調されなかったスロー（投げ）
やホールドも紹介していきます（P286 〜 289）。一般にクラヴマガでは、スロー

278 | Complete Krav Maga

よりもストライク（打撃）の方が好まれます。なぜなら**セルフディフェンスでは、相手を捕まえたり倒したりする必要はなく、ただ脅威を取り除けばよい**からです。

この目標を考えれば、たいていの場合はスローよりもストライクの方が簡単で、使いやすいでしょう。

しかし状況によっては、バランスやポジションの関係から、脅威を減らしたり取り除いたりするのにスローがいちばん容易なこともあります。ここでの最大の目的は、相手を最短距離で地面に叩きつけることです。遠くへ投げるのではない点を理解してください。

③ディフェンス

ブラウンベルトでは、ナイフによる攻撃のほか、拳銃や長銃によるハイリスクな威嚇に対する上級ディフェンスも扱っていきます。

④エッジドウェポンのディフェンス

ブルーベルトでは、ナイフ攻撃にはキックディフェンスと教えていますが、実際には相手に不意を突かれ、ハンドディフェンスをせざるを得ない場合がほとんどです。

ナイフディフェンスを理解するためには、基本的な3種類のナイフの握り方を知っていることが前提となります（P223）。

「スラッシュ」（P310 〜 313）でも、横から斬りつけてくる角度が鋭いとストレートスタブのように見えます。上級のトレーニングでは、持っているナイフの角度を見分けるトレーニングも行ないます。

同じ理屈により、ナイフの切っ先がほぼ真っすぐに向いていれば、たとえ相手がスラッシュのつもりで攻撃を仕掛けてきたとしても、ストレートスタブとして対処することができます。

武器の奪取も教えていますが、実際の攻撃やリアルなトレーニングでは、できるとは限りません。**さまざまなタイミングで、相手から離れる練習をしておくべき**です。

たとえば、次ページで挙げたような点に気をつけてください。

−相手から離れるための練習のポイント−

1. ディフェンスから反撃したら、すぐに離れて、
   辺りにある物で武器になるものを探す。
2. ディフェンスから反撃し、膝蹴りを打ってから離れ、
   辺りで武器になるものを探す。
3. ディフェンスから反撃し、膝蹴りを打ったら両手でナイフをつかみ、
   その状態からさらに攻撃を加える。

　自分がどこまで準備できているかをしっかり理解しておくことが、リアルなナイフディフェンス・トレーニングでは非常に重要です。テクニックを教わり、基本をマスターしたら、以下のようにさまざまな準備状態からのディフェンスを学んでいきましょう。

非常に早い段階：手を出すこともできるが、足を使って前方にバーストし、ナイフが出てこないうちにディフェンスすることも可能。
やや早い段階：手を出して前方に強く体重をかけることができるが、足は初めにほんの少し動かすだけになる。
やや遅い段階：手を出していくらか体重をかけることはできるが、足はまったく動かせない。
非常に遅い段階：360度ディフェンスから反撃することができるが、大きな体重移動はできない。このケースでは、できる範囲で体重をかけてディフェンスし、反撃することになる。

　「非常に遅い段階」には、クラヴマガ・トレーニングの重要な要素が凝縮されています。どんな動きをするときでも、必ず前方に体重移動するようにしておけば、とっさにできるだけ体重をかけてディフェンスし、反撃できるようになります。ディフェンダーは、どんな準備状態からでも、どれだけ足を動かせるかとは無関係に、積極的に前に出なければいけません。

左ジャブ-右オーバーハンドの コンビネーション

このコンビネーションのポイントは右のオーバーハンドパンチです。オーバーハンドパンチはフックやアッパーカットと同じ系統のパンチで、動く平面に違いがあるだけです。

スターティングポジション 左足を前に出したファイティングスタンスから始める。

前進しながら左のジャブを打つ。 **1**

フックパンチと同じようなモーションでパンチを繰り出す。ただし、腕を返して打つので、肘が上を向く。それと同時に拳も返るので、小指側が上、親指側が下になる。人差し指と中指のナックル部分を当てていく。 **2**

ヒント! 肘を曲げて、相手のディフェンスを回り込むか、越えていくようにします。どこまで肘を曲げるかは、相手からの距離によって変わってきます。

スイッチを使ったフロントキック-
ラウンドキックのコンビネーション

フロントキックを蹴った勢いを活かして、ラウンドキックを畳みかけます。

スターティングポジション 左足を前に出したファイティングスタンスから始める。

1 正面の相手に向かって左足でフロントキックを打つ。

2 フロントキックが当たるのと同時に右足を浮かせる。空中で左足を畳み、右足でラウンドキックを蹴る。キックに合わせて自然に腰が返る。

3 両足を戻して、通常か逆のファイティングスタンスに戻る。どちらになるかは、ラウンドキックをどこまで戻せるかによって変わってくる。

スイッチを使ったフロントキックの2段蹴り

1発目のフロントキックを蹴った勢いを活かして、2発目のフロントキックを畳みかけます。

スターティングポジション 左足を前に出したファイティングスタンスから始める。

1 正面の相手に向かって左足でフロントキックを打つ。

2 1発目のキックが当たるのと同時に右足でジャンプし、1発目のキックを引き戻しながら、2発目のキックを蹴る。

3 両足を戻して、通常のファイティングスタンスまたは逆のファイティングスタンスに戻る。

ヒント! このコンビネーションは、右足からの方がよい場合もあります。

スイッチを使ったアウトサイド・スラップキック - フロントキックのコンビネーション

175ページの「アウトサイド・スラップキック」で、相手の視線をそらした後、ローのフロントキックを蹴り込みます。

スターティングポジション　左足を前に出したファイティングスタンスから始める。

1　どちらかの足でアウトサイドのスラップキックを打つ。

2　1発目の蹴り足を下ろし始めると同時に、フロントキックを股間やみぞおち、顎などに蹴り込む（このコンビネーションでは、最後は逆足のファイティングスタンスになることが多い）。

ヒント！　このコンビネーションでは、パートナーは2つのパンチングミットを使います（1つはスラップキックに合わせて高く構え、もう1つはフロントキック用に低く構える）。安全のため、蹴る側はフロントキックを強く蹴らないようにしてください。なお、パンチングミットがなければ小さめのビッグミットを使い、フロントキックの方に構えます。その場合は、アウトサイド・スラップキックはやや高めを狙い、空振りさせます。

スイッチを使ったストレートニーの連続蹴り

相手の首を両手でコントロールできるようにロックします。その状態を維持しながら、相手の体に下向きの力を加えて、連続でニーを繰り出します。

スターティングポジション クリンチの状態やセルフディフェンス後の間合いの近い状態から始める。

1

相手をつかんで膝蹴りを打ち込みます。

2

最初の膝を戻すのと同時に2発目の膝を打ち込む。

ヒント！ 最初の膝蹴りは、ふつうは後ろの足で蹴ります。

マシンガン・テイクダウン

サブマシンガンで威嚇されてデッドサイドへ動かなければならないときに有効なところから、この名前がついています。正面や後ろから拳銃で威嚇されてデッドサイドにしか動けず、相手の武器をコントロールできないようなときにも使うテクニックです。ただし、このテクニックは武器を効果的にコントロールするものではない点に注意してください。リスクも高いので、ほかに選択肢がない場合にのみ使うものです。

スターティングポジション
相手の左側にしか動けない状況で、銃を持った相手の正面に立った状態から始める。

1
318ページの「正面からの長銃に対するディフェンス（デッドサイド）」と同じ要領で、右手で相手の武器をリダイレクトする。

2
バーストして相手の真横か、やや後ろくらいまで踏み込む（腰を相手のそばまで寄せていくこと）。

3
左手をスライドさせて銃の下へ入れ、そのまま銃身を相手の胸に押しつける。右手を伸ばし、相手のベルトのバックルをつかむくらいの感じで、相手の股間にできるだけ深く差し込む。

バリエーション

ほかに選択肢がなくて、マシンガンテイクダウンを使ったほうがいいケースとしては、
　①後ろにいる相手が右手に銃を持ち、前の手を右肩においてきた。
　②正面にいる相手が右手に銃を持ち、前の手で体の中央ないし左側を押すか、つかんできた。
などの場合があります。

4

足の力で相手を持ち上げる（背中の力ではない）。持ち上げたら右腕を引いて、頭が下になるまで傾ける。

5

背中から相手にかぶさって肘を落とす。武器が相手の体の下から出ていたら、必ずコントロールしておくこと。

ワンアーム・ショルダースロー

相手が大ぶりのフックパンチを打ってきたら、アウトサイドディフェンスで受けたあと、腕をとり、肩でかついで投げます（柔道の一本背負い）。

スターティングポジション 相手がアウトサイドから大振りのパンチなどで攻撃してくるのをディフェンスし、反撃した状態から始める。

1

2

3

1 相手の手首の内側を左手でつかみながら、相手の懐に入る。踏み込むと同時に右腕を伸ばし、相手の脇の下に入れる（肘の曲がった部分を相手の脇に入れることで、前腕部が上に突き出る形になる）。背中は相手の方を向き、腰は相手の腰と平行、足幅はやや狭めにする。

2 腰をかがめ、相手の腰より少し低いところから、後ろに向かって骨盤を叩きつけるようにしながら、相手の腕と肩を引く。こうすると、背中から腰の辺りに相手を乗せることができる。

3 そのまま、自分の右肩を左膝につけるように、相手の腕を引く。相手は裏返しになって地面に叩きつけられる。

> **バリエーション**
> 肘の曲がった部分を相手の脇に当てる代わりに、右手で相手の肩や上腕部をつかむこともできます。また、スローの際に自分が体を沈めることで、相手を投げる方法もあります。その場合、乗せた相手と一緒に転がる感じになるため、地面に叩きつけるときの衝撃は軽くなりますが、相手を腰に乗せきれなかったときには有効です。

ヒップスロー

ワンアーム・ショルダースローのバリエーションです。相手の腕や肩をとる代わりに、腰や首に腕を回し、相手をつかむ投げ方となります。

スターティングポジション 相手が右腕を伸ばし、大振りのフックなどを打つのをブロックした状態から始める。

1

左手で相手の手首の内側をつかみ、同時に懐へ飛び込む。右腕を伸ばして相手の左腰を巻き込む。ベルトかズボンを持ってしまうのが理想だが、つかむところがなれば皮膚をつかんでもいいし、腕をしっかり巻きつけておくだけでもかまわない。この時点で背中は相手の方を向く。腰は相手の腰と平行で、足の幅はやや狭めにする。腰を下げて、相手の腰より低い位置から骨盤を叩きつけ、相手を腰に乗せる。

2

両腕を使って力を加え、右肩を左腰に向かって動かすと、相手は腰の上で裏返しになって地面に落ちてくる。

ヒント！ 右腕を、相手の腰ではなく首に巻き、肩をつかむ方法もあります。

横からのヘッドロックに対するディフェンス（内側にひねられた場合）

相手に横からヘッドロックを掛けられ、内側にひねって倒されそうになったときのディフェンスです。78ページの「横からのヘッドロックに対するディフェンス」で、相手が体重を前にかけてきたときにも応用できます。

スターティングポジション 相手が横からヘッドロックをかけ、内側にひねってきた状態から始める。

1

相手の動きに逆らわずについていく。顎を引く。アウトサイドの手（写真は右手）を回してきて相手の股間に入れ、同時にインサイド（写真は左）の腕を上げる。

2

さらに内側へひねられるのを感じたら、それに合わせて、股間に入れた腕を自分の肩に向かって上げていき、できるだけ相手に体を寄せる。同時に体を離さないように注意しながら、外側の足を相手の体のすぐそばまで持ってくる。相手の両足の間に自分の膝をつくようなイメージで行なう。この時点で、インサイドの腕は相手の腰か肩をつかめるような状態になる。

3 インサイドの腕で相手の腰（または肩）をつかみ、相手にひねられるのに任せて回転する。その勢いと腰（または肩）をつかんだ手の引く力を使って、相手を転がす。

4 回転しながら体を起こし、相手のそばに両膝をつく。空いた手（相手の股間に伸ばしていた手）を使ってベースアウトし、相手からロールされるのを防ぐ。211ページの「グラウンドで横からヘッドロックされたときのディフェンス（相手が体重を後ろにかけてきたとき）」とよく似た形になる。

5 膝蹴り、ハンマーフィストパンチ、ヘッドバットなどで反撃する。

横からのヘッドロックに対するディフェンス（ネックブレイク）

ヘッドロックの体勢から、前腕部を顎の下に入れて体重を後ろにかけ、首を折りにこられたときのディフェンスです。ほとんどの場合は、顎を引いて倒れ込むことでディフェンスできます。

スターティングポジション

相手がサイドからのヘッドロックを狙って、前腕部を顎の下に入れてきた状態から始める（この時点でアウトサイドの手を上げていき、相手の顔をつかむなど、すでにディフェンスを始めていることもある）。

1

相手が腰を落とし、顎を上げて首に圧力をかけてくるのを感じたら、すぐにインサイドの足を、相手の両足の間から蹴り出す。

2

地面に向かって真っすぐ、勢いよく腰を下ろし、同時に左手で、相手の肩の辺り（手が届いているなら顔）をつかんで引き倒す。このとき、肘を地面に打ちつけないようにするため、前腕部を相手の背中につけておく。

3

そのまま上からパンチ、ヘッドバット、エルボーなどで反撃する。

ヒント！ テイクダウンのとき、どうしても腕に衝撃がくるようなら、せめて肘ではなく、前腕部全体で受けるようにしましょう。

後ろからのヘッドロックに対するディフェンス

相手が後ろから飛びついてヘッドロックを仕掛けてきたときのディフェンスです。

スターティングポジション 相手が後ろから飛びついて、右腕でヘッドロックを仕掛けてきた状態から始める。

▼

1

顎を引き、左右どちらかに回して首絞めを避ける（写真は右に回している）。左肩を右膝の方へ下げていくと、相手は背中の上で回転して真っすぐに落ちてくる。

2

そのままパンチ、ストンピング、キックなどで反撃する。

フルネルソンに対するディフェンス
(指へのテコ)

フルネルソンとは、後ろにいる相手が左右の脇の下から両腕を差し込み、首の後ろで手を組み合わせて締めつけてくる技です。この攻撃を受けると両腕が動かせなくなり、首に強い圧力がかかってきます。フルネルソンのディフェンスは3種類ありますが、以下がいちばん簡単なので、まずはこれを試みてください。

スターティングポジション
相手がフルネルソンを仕掛けてきた状態から始める。

1

両手を後ろに伸ばし、相手の目や顔面を突く。そのまま、どれでもよいから相手の指を1本起こす(親指は可動範囲が広いので望ましくない)。

2

起こした指をつかみ、自分の手の人差し指側が、つかんだ指の付け根近くにくるようにする。

3
指を引き剥がして、首から相手の手を外す。

4
首から手が離れたら、相手の指を握った手を下げながら、内側にひねり込んで、ねじ曲げる。脇をしっかりと締めて、肘を後ろに上げてやると、さらに圧力が加わる。

5
サイドステップして、空けた方の手でエルボーなどにより反撃する。

バリエーション
相手の指をつかんだまま半回転して、指と手首を極める方法もあります。

フルネルソンに対するディフェンス
（前への投げ）

フルネルソンのディフェンスの2つ目です。相手の指をつかめそうもないが、腰を後ろへ鋭く突き出せそうなときに使います。

スターティングポジション

相手がフルネルソンを仕掛けてきた状態から始める。

1

両肘を下げて相手のグリップを緩める。

2

相手の腰よりも低いところまで自分の腰を下げ、骨盤を後ろに叩きつけるようにして、相手を背中に乗せる。

3 一方の肩を逆側の膝に（写真では右肩を左膝に）つけるようにして、相手を前に投げる。

バリエーション
相手の体が返ったら、続いて自分も回転して、相手の上に着地する。

4 そのまま顔面へのエルボーや股間への打撃で反撃する。

フルネルソンに対するディフェンス
（スイープ）

フルネルソンのディフェンスの3つ目です。相手の指をつかめそうもないが、ステップをできそうなときに使う、足払いのテクニックです。

スターティングポジション
相手がフルネルソンを仕掛けてきた状態から始める。

▼

1

脇を締めながら肘を下げる。肘を締めることで、相手のグリップを緩められ、また相手に距離を空けさせずにすむ。

2

腰を左右のどちらかに寄せ、インサイドの足（写真は左足）が相手の背後に回るように、後ろに踏み出す。このとき、自分の膝と足先が、相手の膝と足先とほぼ同じ方向を向くようにする。

298 | Complete Krav Maga

3

後ろの足を前に振って、スイープ（足払い）するか、足を叩きつける。真っすぐに体を起こせていればスイープできるが、たいてい少し前屈みの体勢になっているので、その場合は膝を叩きつけていく。相手の足を前に飛び出させて、支えをなくしてしまう。

4

スイープ（もしくは足を叩きつける）と同時に、上半身を後ろに倒していく。倒れるときに、相手にしっかり体重を浴びせる。

5

倒れると同時に頭部に肘を叩き込み、そのまま反撃を続ける。

下向きのスタブ（アイスピックスタブ）に対するナイフディフェンス

もっともよくあるタイプのナイフによる攻撃です。たいてい胸や鎖骨、首、顔を狙って突き刺してきます。

スターティングポジション　ニュートラルスタンス（または変形のパッシヴスタンス）から始める。

1

相手がバーストしてきたら、360度ディフェンスを使ってナイフを持った手を「攻撃」し、同時にパンチを打つ。ディフェンスは手首に手首を当てる。こちらから攻撃するくらいのつもりで強く当てていくこと。パンチも全力で打つ。

2

そのまま前方にバーストし、相手の腕を後ろに押し下げながら、ディフェンスした手を返して相手の手首をつかむ。その際、つねに体重をかけて相手の腕を後ろに押し下げておくこと。相手は腕を戻すのが難しくなるため、再び突き刺してはこない。

P302に続く→

3

インサイドの腕で相手の体を固定したまま（肘は下向き、前腕部を首に当てる）、畳み込むように膝蹴りなどを連打する。

4

相手が十分に弱って、こちらでコントロールできるようになったら、武器の奪取を試みる。

バリエーション
手首を極めながら、手で包み込むようにナイフをもぎ取る方法もあります。

5
ナイフを持つ手を内側に曲げ、上から右手を被せていく。

6
キャヴァリエを行なってナイフをスライドさせながらもぎ取る。

> **ヒント！** 武器を奪取するときに抵抗されたら、股間蹴りやヘッドバットなどを打ち込みます。

上向きのスタブに対する
ナイフディフェンス

P304に続く→

これもよくあるナイフの使い方です。垂直に突き刺してくる場合と斜めに刺してくる場合があります。ここでは、ナイフが上向きに、やや内向きの角度をつけて、相手の体の外側から入ってくるケースでお話しします。これがもっともよくある、自然な形の攻撃です。

スターティングポジション 変形のパッシヴスタンスから始める。

1

相手がやや内向きに角度をつけて、体の外側からナイフを突き上げながらバーストしてきたら、62ページの360度ディフェンス「ポジション⑥」または「ポジション⑦」を使い、ナイフを持った手を攻撃しながらパンチを打ち込む。ディフェンスは手首に手首を当てること。腕の上の方に当てると、ディフェンスの下からナイフの刃が出てきてしまう。こちらから攻撃するくらいのつもりで強く当てていくこと。パンチも全力で打つ。

2

前腕部を使って、相手の腕を斜め後ろに押しやる。260ページの「後ろからの銃に対するディフェンス」のような動きで、自分の腕を相手の腕の下に差し入れ、その腕を鋭く抱え込んでナイフを持つ手をトラップしたら、自分の胸ないし肩にしっかりとホールドする。これも「後ろからの銃に対するディフェンス」とまったく同じである。

3

左腕で相手の腕をトラップしたまま、膝蹴りや股間蹴りを連打する。体重はつねに前寄りで、相手にかけておく。

4

相手の手首が返っている場合は、ナイフを持った手にかぶせて「カバー」をする。

5

肘を下げ、相手の手首を反り返らせて、グリップの弱い方（指側）からナイフを奪う。

6

すぐにナイフで反撃するか、離れて距離をとる。

バリエーション 1 ：相手の手首が返っていない場合

前ページの「ステップ4」までは同じだが、手首が返っていないときは、左腕で相手の腕をトラップし、右手を小指を上にして回して、ナイフを持った手にかぶせて「カバー」をする。**1**

相手の手首を外側に鋭く回し、小指側を天井に向かせる。トラップしている手（左手）を放し、そのままスライドさせて相手の手首をつかむ。**2**

キャヴァリエを行なってナイフをもぎ取る。**3**

バリエーション 2

相手が垂直の動きで、体の中心にナイフを突き上げてくることもあります。その場合も最初のディフェンスはまったく同じですが、コントロールの仕方が違います。攻撃の性格上、ナイフを持った手を外に向けて押すことができないからです。ディフェンスした段階で、自分がデッドサイドの方に寄っていると思ったら、次ページの「ストレートスタブに対するナイフディフェンス」を使ってコントロールし、武器を奪取してください。

ストレートスタブに対する
ナイフディフェンス

ストレートスタブは、上向きや下向きのスタブほどではありませんが、実際に使われることがあります。ストレートスタブのグリップの仕方として、柄頭を手のひらに当てる人もいますが、もっとも多いのは、刃を上向きにしたレギュラーグリップです。この場合、ストレートスタブを狙っていることを示す手がかりは、たった1つです。「ナイフを持った側の足が前に出ている」ことです。

スターティングポジション

パッシヴスタンス(またはファイティングスタンス)で、相手が右手で突いてきた状態から始める。

1 左手を使って攻撃をリダイレクトする。そのまま鋭く手首を返し、相手の手の甲に「チョップ」を打つようにして、ナイフが体から離れる動きを大きくする。

2 真っすぐ前にバーストする。腕をスライドさせながら前に伸ばして、相手の腕をキャッチする。つねに肘を下に向け、相手がスラッシュ(斬りつけ)にくるのを防ぐ。また、つねに体重を相手の腕にかけて、相手を動きにくくしておく。同時に強い右パンチを打つ。

3 パンチを戻しながら、右手を下ろして相手の手をカバーする。重心は引き続き前寄りで、相手に体重をかけておく。

> **ヒント!**
> 実際は、ディフェンスが少し遅れるため、一般的なガイドラインとしては「手の甲をディフェンスしたいならナイフを狙え」ということになります。また、ここで紹介したディフェンスはやや難しいので、練習はファイティングスタンスから始めることを推奨しています。できるようになったらパッシヴスタンスからも練習してください。

4 キャヴァリエを使ってナイフをもぎ取る。必要なら股間に蹴りを打ち込む。抵抗されたら、さらにキャヴァリエを使ってテイクダウンさせることもできる。

ストレートスタブに対する
ナイフディフェンス(ライヴサイド)

ライヴサイドからのストレートスタブに対するナイフディフェンスも必要になることがあります。最大の理由は、左利きの相手がいることです。練習では右利きの相手による攻撃が大半なので、とっさに左利きだと判断して、逆の側からディフェンスするというのは現実的ではありません。また、右利きの相手が向かって右側から攻撃してくるということもあるでしょう。

スターティングポジション

パッシヴスタンスで、相手が左手で突いてきた、もしくは右手でこちらの右半身を攻撃してきた状態から始める。

1

右手を使って攻撃をリダイレクトする。そのまま鋭く手首を返し、相手の手の内側に「チョップ」を打つようにして、ナイフが体から離れる動きを大きくする。ポイントは、手のディフェンスもボディディフェンスも大きくとること。相手の肘が曲がっている可能性があるためである。またディフェンスする際は、リダイレクトしたナイフが当たらないように、左手は自分の体の近くに置いておく。

2

すぐにチョップかハンマーフィストパンチを相手の首または顔面に打ち込み、同時に左手を前に送って相手の腕をつかむ。

3
相手に体重をかけたまま、一気に飛び込んで膝蹴りまたは股間蹴りを打ち込む。

4
相手が弱ったら、ナイフを持つ手を内側に折り曲げ、左手をカバーする。

5
あとはキャヴァリエを使ってナイフを奪う。

> **ヒント！** 武器の奪い方で、300ページの「下向きのスタブに対するナイフディフェンス」と違うのは、ナイフの押さえ方の違いから、刃が腕と体に近いという点だけです。「ナイフは相手に近く、自分から遠く」と覚えておきましょう。

前へのスラッシュに対する
ナイフディフェンス

123ページの「360度ディフェンスからの反撃」とほとんど同じです。唯一の違いはナイフがくるのを視認できないことです。そのため、偶然ナイフが顔や首をかすったり、飛んできたりすることもあるので、頭を内側に入れて、顎を引いて備えてください。

スターティングポジション
変形のパッシヴスタンスで、相手が正面からスラッシュで斬りつけた状態から始める。

1

相手の手首に左手を当てながら360度ディフェンスを行ない、同時に右のパンチを顔面に打ち込む。顎を引き、頭をディフェンスの内側に入れて、ナイフを避ける。

2

相手の手首を左手、肩を右手でつかみ、ナイフを持った腕を後ろへ押し下げる。

3

ナイフを持った手をコントロールしながら、膝蹴りや股間蹴りを打ち込む。

4

相手の手首を右手でつかみ、ナイフを持った手を左手でカバーして、腕を外側にひねりながら、手首を内側に折り曲げる。

▶

5

キャヴァリエを使ってナイフをもぎ取る。

バックハンドのスラッシュに対する
ナイフディフェンス

バックハンドでのスラッシュには、「初めからバックハンドのポジションで攻撃してくる」場合と、「フォアハンドのスラッシュを失敗したので、バックハンドでスラッシュしながら腕を戻してくる」場合の2通りがあります。

スターティングポジション 変形のパッシヴスタンスで、相手と正対した状態から始める。

1
相手の手首に左手を当てながら360度ディフェンスを行ない、同時に右のパンチを顔面に打ち込む。顎を引き、頭をディフェンスの内側に入れて、ナイフを避ける。

2
相手の手首を左手、肩を右手でつかみ、ナイフを持った腕を後ろへ押し下げる。

前の腕（相手が右手でスラッシュしてきた場合は、ふつう左腕）を回して相手の腕の、手首に近いところをつかんでおいて、後ろの手（ふつうは右）でパンチを打つ。このポジションは、306ページの「ストレートスタブに対するナイフディフェンス」で使ったコントロールや反撃とほぼ同じである。

3

4

武器を奪うために、ナイフを持った手を内側に折り曲げ、右手でカバーする。

5

キャヴァリエを使ってナイフをもぎ取る。

> **ヒント！** 「ステップ1」での後傾の動きでは、絶対に踵に体重を乗せないようにしてください。最初のフォアハンドでのスラッシュが顔の前を通り過ぎたら、すぐに前方にバーストし、解説のように、両腕で返しのバックハンド・スラッシュをブロックします。

Complete Krav Maga | **313**

Level up column
トレーニングで
テクニックの応用を身につけよう

　本書でクラヴマガのテクニックや原理は理解できます。しかし、ダイナミックに変化する状況下で実践できなければ、本当に学んだことにはなりません。
　そのため、クラヴマガのトレーニングには、創造的なストレスドリルや、プレッシャーのもとでテクニックと原理を応用する練習が多く含まれています。

　ストレスドリルでは、協会が認定するインストラクターからトレーニングプログラムを受けるのがベストです。創造的なトレーニングはどうしても難易度が上がるため、トレーニング中の安全を第一に考える、きちんとした指導者から習うべきです。
　もちろん、トレーニングにはリスクがつきもので、完全な安全はあり得ません。最終的には自己責任となります。しかし、インストラクターの指導のもとであれば、最高レベルの安全性と集中度を得られるはずです。

　ここまで読み進めてきた人はおわかりの通り、正しいトレーニングは段階を踏んで行われます。たとえば、首絞めであれば、まずは防御法を学びます。次の段階では、目を閉じて立ち、パートナーが攻撃してくるのを待ちます。攻撃してくるのを感じたら目を開き、攻撃に対して適切な反応をする——こうして徐々に耐性を強めていくのが、ストレスドリルのもっともシンプルかつ効果的なやり方です。

　もっとハードなトレーニングでは、ディフェンダー１人に対して３人がミットを持って立ち、もう１人がアタッカーとして攻撃するというのもあります。
　まずミットを持った３人がそれで打ったり押したりしますが、ディフェンダーは自分の身を守るだけで、反撃を禁じられています。その状況下で、つかみかかってくるアタッカーに、ディフェンダーは即座に反応して防御します。さらに、アタッカーの攻撃をかわした途端、またミットを持った３人が邪魔を始めるという厳しいものです。

　クラヴマガには、このようなドリルが何百とあり、いろいろなバージョンによってテクニックの応用方法が身についていきます。きちんとトレーニングすることが、実戦力アップの最短ルートと考えていいでしょう。
　路上で遭遇する暴力に本当に備えるには、こうしたトレーニングがもっとも効果的な方法となるのです。

314 | Complete Krav Maga

正面からの長銃に対するディフェンス
（ライヴサイド）

P316に続く→

ライフルなどの長銃を手にする相手と直面した場合も、銃やナイフに対処するのと基本は変わりありません。これも、ほかに選択肢がない場合のみ使うもので、射線に入らないようにつねに注意します。

スターティングポジション　ニュートラルスタンスから始める。

1

両足を使って前方にバーストし、相手との距離をつめる。左手は銃床（バット）部分にシフトさせ、かわりに右手を銃口のところに持ってくる。絶対に銃から手を放さないようにする。

2

相手がライフルを構えたら、左手を真っすぐに銃に伸ばす。手は開き、指は下向き45度くらい。左腕に力を入れ、手のひらで銃身を握り、右に向かって真っすぐに押す。リダイレクトしながら、左肩を前に出して、半身になるボディディフェンスをとる。これには、足を動かさずに相手の方へ体重移動するというメリットもある。先に動くのは左手だが、それに合わせて、右手を左肘の関節部分に持っていくイメージで内側に動かし、射線を避ける。

両手で素早く銃をつかむ。両肘を下に向けて、コントロールを維持する。左手を奥まで送り、銃床で殴ってくるのを防ぐ。つねに銃に体重をかけ、相手に向かって押しつけておくことが大切である。

3

ショットガン・突撃銃・軽機関銃のディフェンス

Complete Krav Maga | **315**

> **ポイント！** 「ステップ1」のリダイレクトの動きでは、ライフルを地面と平行に動かして、体を射線から外すことが大切です。斜めに動かすと、体に向いている時間が長くなるので、必ず真横に動かすようにします。また、この最初のリダイレクトはパンチのつもりで強く「打つ」ようにしてください。相手は両手で銃を握っているので、それ以上の強い力でコントロールする必要があります。

4

銃をしっかり握ったまま、相手の股間に蹴りを放つ（どちらの足で蹴ってもよい）。左足の方が相手に近いので、こちらで蹴った方が速く当たるが、右足（後ろ足）ほどのパワーは出ない。一方、右足は相手までの距離が少し長くなるが、パワーは増す。後ろ足で蹴るときは、体重が前にかかるように気をつけること。蹴るときに体が後ろに傾くと、後ろ向きに押される可能性がある。

5

蹴ったらすぐに足を下ろし、銃を素早く持ち上げて銃口を上に向ける。この段階ではまだ銃のホールドはほどけないが、かなり扱いやすいポジションになっているはずである。

6

左手を、自分の体の方に向かって少し引く。このとき右手は銃口の近くにあるので、右のオーバーハンドパンチを打つ要領で、そのまま銃身を使って相手の顔面を打つ。

ショットガン・突撃銃・軽機関銃のディフェンス

8

確実に銃を奪ったと思ったら、すぐに後退して安全な距離をとる。

9

ライフルをコールドウェポン(火器以外の武器)として使うつもりで構える。

7

少し体を戻し、銃口を、相手の右肩の外側へ押し下げると、銃のホールドがほどける(ブレイクする)。

> **ヒント!**
> 突撃銃はショットガンやライフルと違って、弾倉が長く、またハンドルがついているので、対処の仕方が違ってきます。ほとんどの突撃銃は弾倉が下に向かって伸びているので、まず銃を上に上げてから蹴りを出すようにしてください。そうしないと、股間を狙った蹴りが弾倉にブロックされてしまうからです。そのうえで、
> ①反撃の蹴りを出したら、すぐに左手を使って銃を持ち上げ、銃床を相手の脇の下から引き抜く。
> ②相手の手首を越えるように銃の後部を押し下げて、銃を奪う。
> ③右のオーバーハンドパンチを打つ要領で、銃身を相手の顔面に叩きつける。
> の手順で対処します。

正面からの長銃に対するディフェンス
(デッドサイド)：腕の下からの武器奪取

長銃の銃口を前項と反対側にそらせたいときは、相手のデッドサイド側にバーストして、武器を奪取します。

スターティングポジション　ニュートラルスタンスから始める。

1

2

相手がライフルを構えたら、右手を真っすぐに銃に伸ばす。手は開き、指は下向き45度くらい。右腕に力を入れたまま、手のひらで銃身を握り、左に向かって真っすぐに押す（これには、足を動かさずに相手の方へ体重移動するというメリットもある）。先に動くのは右手だが、動き出したら、すぐに左手を右肘近くに持っていって射線を避けるようにする。

両足を使って斜め右前にバーストし、相手のデッドサイドに入ったら、左手で素早く銃身をつかむ。腕を真っすぐに伸ばして銃をコントロールし、射線に入らないようにする。体重をかけて、自分の体に銃を近づけないようにする。

ポイント！　リダイレクトの動きでは、ライフルを地面と平行に動かして、体を射線から外すことが大切です。斜めに動かすと、体に向いている時間が長くなるので、必ず真横に動かすようにします。また、この最初のリダイレクトはパンチのつもりで強く「打つ」ようにしてください。相手は両手で銃を握っているので、それ以上の強い力でコントロールする必要があります。なお、このテクニックは、サブマシンガンに対しては有効ではありません。サブマシンガンは小さいので、デッドサイドからコントロールできる面が非常に小さいためです。286ページの「マシンガン・テイクダウン」で対処しましょう。

P320に続く→

3

銃身をしっかりと握ったまま、相手の股間辺りに左のキックを打ち込む。キックを戻すときに銃を持ち上げると、ホードがゆるみ始める。

4

続けて頭部に右のオーバーハンドパンチを打ち込む。

5

パンチを打ったら右手を戻し、相手の左腕の下から手を差し込んでライフルをつかみ、やや上向きに両手で引き上げる。

ショットガン・突撃銃・軽機関銃のディフェンス

6

銃身を握っている左手を使って、銃身で相手の顔面を打つ（左のオーバーハンドパンチを打つ要領）。

7

ライフルを相手の肩の外へ鋭く回転させると、グリップがほどける。それでも相手が銃を放さないときには、銃身を使った打撃を続けるか、キックや膝蹴り、ヘッドバットなどを使ってグリップを緩める。

8

確実に銃を奪ったと思ったら、後退して安全な距離をとり、ライフルをコールドウェポン（火器以外の武器）として使うつもりで構える。

バリエーション

「腕の上」からの武器奪取

相手の腕の上から武器を奪取する場合の方法です。相手が左の肘を締めていて、手を入れられないときに必要となるテクニックです。リダイレクトからコントロール、反撃についてはまったく変わりません。

1 右パンチを打ったあと、戻した手を相手の左腕の上から伸ばし、ライフルの後部をつかむ。

2 右手を使い、自分から遠ざかる方向へ銃を押し下げて、相手の脇の下から銃床を外す。このとき、バイクのアクセルを噴かす要領で、両方の手首をひねるようにすると、銃が相手のグリップから離れる。

3 銃床を引き上げ、相手の顔面に打ちつけて、そのまま自分の体の方へ銃を持ってくる。

4 銃身を握っている左手を使って、銃身で相手の顔面を打つ（左のオーバーハンドパンチを打つ要領）。

5 ライフルを左肩の外へ回すとグリップがほどける。放さなければ、コンバティヴのテクニックを使って緩める。

横からの長銃に対するディフェンス
（銃が自分の腕の後ろにある場合）

最初の動きは、254ページの「横からの銃に対するディフェンス（銃が自分の腕の後ろにある場合）」とほぼ同じです。

スターティングポジション ニュートラルスタンスから始める。

1

相手が腕の後ろから銃を突きつけてきたら、その腕でライフルを押し、小さくリダイレクトして射線を外す。

2

相手の方へ向き直り、インサイド（リダイレクトした方）の手を、相手の腕の下を滑らせるようにして、相手に向かって伸ばす。足を動かす前に、できるだけ深く腕を差し込んでおくのは狙いである。バーストして、自分の前の足が相手の外側にくるくらいまで、深く踏み込む。

P324に続く→

3
前腕部を巻き込んで手と指をライフルの上に出し、肘の曲がった部分でしっかりと銃身をトラップする。このとき、腕を銃身にからめて拳で押さえるようにすると、しっかりホールドできる。

4
後ろの腕で、顔面にエルボーか、オーバーハンドパンチを打ち込む。必要なら膝蹴りでフォローする。

5
肩をライフルの横につけ、前方に押して銃身を上げる。銃身が上がったら手を上へ滑らせて、銃身をつかむ（この動きは、相手が銃をしっかり握っていないと感じられたら省略してもよい）。

> **ヒント！**
> 相手が銃を体の右側に持っているか、左側に構えているかによって、ライフルを奪取するときに銃身を回す向きが変わってきます。相手が右側から銃を突きつけてきたときにも、同じテクニックが使えますが、その場合には左右が逆になるので注意してください。

ショットガン・突撃銃・軽機関銃のディフェンス

左手を使って、銃身で相手の顔面を打つ（左のオーバーハンドパンチを打つ要領）。同時に、右手を使って、ライフルの銃床を自分の右腰に引きつける。ライフルを相手の右肩の外へ鋭く回転させると、グリップがほどける。それでも相手が銃を放さないときには、銃身を使った打撃やコンバティヴのテクニックを使ってグリップを緩める。

銃を奪ったら、後退して安全な距離をとり、コールドウェポン（火器以外の武器）として使うつもりで構える。

後ろからの長銃に対するディフェンス
(銃が体に触れている場合)

このテクニックは、前項の「横からの長銃に対するディフェンス(銃が自分の腕の後ろにある場合)」とわずかな違いを除いて、まったく同じです。

スターティングポジション ニュートラルスタンスから始める。

1

相手がライフルを背中に当ててきたら、小さく振り向く。実際には、その時点では、背中に当たっているものが何かわからないので、振り向いたときに、相手がどんな武器を持っているか、瞬時に判断しなくてはならない。

2

武器を確認したら、体を深く回転させ、ライフルをリダイレクトして、体を射線から外す。このボディディフェンスによって、足を動かす前に、相手へ体を傾けることになり、あとの動作に移りやすくなる。コントロール、反撃、武器奪取の手順は「横からの長銃に対するディフェンス(銃が自分の腕の後ろにある場合)」と同じである。

ヒント! ライフルが低い位置にある場合には、腕によるリダイレクトとボディディフェンスを同時に行なうことになる。ライフルが高い位置にある場合には、腕によるリダイレクトは効果が薄いので、ほとんどのケースではボディディフェンスに頼ることになる(ただしその場合でも、腕を動かすことで、体を回す助けになる)。

ライフルまたは銃剣による突きに対するディフェンス（ライヴサイド）

315ページの「正面からの長銃に対するディフェンス（ライヴサイド）」とほぼ同じですが、大きな違いが2点あります。1つは「銃剣による突きでは、射線に入っている間に動きを読まれることをあまり気にしなくてかまわない」、もう1つは「刃の部分を通り越して銃身部分をディフェンスしなければならない」ことです。

スターティングポジション　ニュートラルスタンスから始める。

▼

左手でディフェンスする。このとき刃の向こう側に手が届くよう、少し前傾する。

1

ライフルまたは銃剣による突きに対するディフェンス(デッドサイド)

ライヴサイドの場合と同じで、最初のディフェンスは、318ページの「正面からの長銃に対するディフェンス(デッドサイド)」とほとんど変わりません。ライヴサイドへのディフェンスと同じで、「前傾して刃の向こう側に手を伸ばす」ことを意識しましょう。

スターティングポジション　ニュートラルスタンスから始める。

右手でリダイレクトしたら、その手を相手の顔をこするように払い、顎を上げさせる(兵士のようにヘルメットを被った相手には、特に効果的)。

1

左腕で「ラリアット」を打ちながら、相手の後ろまで左足を踏み込み、相手を腰に乗せて宙づりにするか、腰投げでテイクダウンする。

2

> **ヒント！** デッドサイドではテイクダウンを奪えますが、ライヴサイドでは困難です。相手の腰が後ろにあって、踏み込むのが容易でないからです。

拳銃による威嚇に対するディフェンス
（銃が後ろにあって離れている場合）

「銃が後ろにあって離れている」といっても、あくまで銃に「手が届く」範囲にいることが前提のディフェンスです。「銃が体に触れている」ケースとの決定的な違いは、振り返ったときに、相手との距離を測りにくい点です。その分、ディフェンスがしにくくなるため、日頃からの練習が大切です。

スターティングポジション
ニュートラルスタンスから始める。

▼

1

相手が右手に銃を持って威嚇してきたら、肩越しに振り向く。あまり積極的な動きはしない。

2

振り向いた側の手を、銃に向かって真っすぐに伸ばす。このときの手は、横から上へ弧を描くのではなく、必ず真っすぐ後ろに伸ばす（248ページの「正面からの銃に対するディフェンス」の原理）。手を上げるときには親指を立てて、銃と接触するチャンスが少しでも多くなるようにする。手が銃に届いて横へリダイレクトできたら、肩を銃の方向に回転させてボディディフェンスをとる。

P330に続く→

バリエーション

リダイレクト後のパンチを省略して、すぐに手首をつかむこともできます。早く武器を押さえられる利点がある一方、反撃までに時間がかかるため、相手に闘う余裕を与えてしまう弱点もあります。

3

相手に向かってバーストし、武器を後ろに押しながら、空いた手でパンチを打つ。

4

パンチを戻して相手の手首をつかむ。銃に体重をかけたまま、キックやヘッドバット、膝蹴りなどを打ち込む。

> **ヒント！** 自分が相手のライヴサイドにいてもデッドサイドにいても、同じように使えます。
>
> ①**相手のライヴサイドへディフェンスしたときの注意**（写真の例）
> 　銃が相手の体に当たらないため、一気に後ろに押します（動きが遅いと、相手に動きを合わせられ、銃を追いかける格好になります）。
>
> ②**相手のデッドサイドへディフェンスしたときの注意**
> 　最後は銃を相手の体に向かって押す形になるため、相手は逃げづらくなりますが、体を回して背中を向けてくることもあります。足を使えるようにしておきましょう。

5

そのまま銃口を押しながら、同時に手首を引く。これでグリップが緩んで、銃が飛び出してくるので武器を奪う。絶対に銃を下に向けないように注意しながら後退する（下に向けると、銃口が自分の足に向いてしまう）。

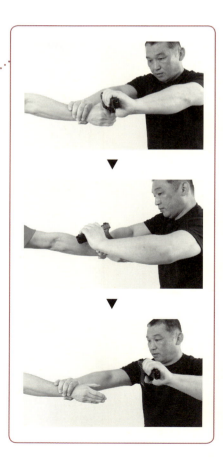

拳銃の威嚇に対するディフェンス
（両手での「カッピング」）

P332に続く→

正面から威嚇されたケースで、射線から外れていたり、リダイレクトすることで射線を第三者に向けたくないときに使います。また、相手の射線を動かして、相手のライヴサイドに入ったときにも使えます。同様に側頭部への威嚇に対しても、射線をリダイレクトして、相手のライヴサイドに入った段階で使えます。

スターティングポジション
ニュートラルスタンスで、相手が右手で銃を持ち、銃口を体のやや左に向けてきた状態から始める。

1
右手を使って銃を左サイドにリダイレクトする。この動きの詳細については、248ページの「正面からの銃に対するディフェンス」を参照。

2
すぐに左手を銃の下に伸ばし、スライド部の後ろもしくは撃鉄の辺りをつかむ。体重はつねに前方にかけておく。左足を斜め前にバーストして、前に体重をかけたまま、銃を押し下げる。

ヒント！「ステップ1」で、通常の「正面からの銃に対するディフェンス」をした場合、射線が自分の体を横切る形になってしまいます。これではディフェンスの意味をなしません。また、銃が真っすぐに胸の中心に向いている場合でも、自分の右側に人がいると、そちらに銃口が向いてしまいます。このようなケースで、このテクニックは使います。

ガンディフェンス

3

同時に右のフロントキックを股間に打ち込む。顎をしっかりと引き、インサイドの肩（右肩）を上げて、パンチを防いでおく。

4

248ページの「正面からの銃に対するディフェンス」と同じ動きで武器を奪う。

5

奪取した銃で追撃する。

6

武器を奪ったらすぐにバックステップして、銃を構えながら安全な距離をとる。

日本のクラヴマガの先駆者
故・松元國士について

元クラヴマガ・ジャパンCEO兼会長
Japan チーフインストラクター
クラヴマガ ブラックベルト3段
クラヴマガ・ワールドワイド リードインストラクター

　クラヴマガを日本に広めた功労者として誰もが認めるのが、故・松元國士氏です。松元はクラヴマガ・ジャパン設立者にして、日本にクラヴマガを持ち込み普及させた第一人者であり、クラヴマガ・ワールドワイドにて世界最高のインストラクターの一人と評された人物です。

　松元がクラヴマガを知ることになり、その門を叩いたのは、1998年、アメリカの大学に通っている時でした。たまたま友人と観ていたテレビ番組でクラヴマガの存在を知り、その映像に衝撃を受け、翌日に入門。ロサンゼルスにあるクラヴマガ・ワールドワイド総本部にて U.S. チーフインストラクターであるダレン・レバインに師事しました。

　さらに同時期に、クラヴマガを原点として、ボクシング、ムエタイ、ブラジリアン柔術など、さまざまな格闘技の技術を追求。2001年にはフィンランドに渡り、シュートファイティング・元ヨーロッパチャンピオンのユサ・サウラマのもと、ボクシング、キックボクシング、シュートファイティングの武者修行を行ないます。

　その後もイスラエルを始め、ヨーロッパ各地で訓練を続け、同年12月イスラエルにてアジア人初のクラヴマガ・インストラクターの資格を授かりました。

　2002年にはクラヴマガ・ワールドワイドよりリードインストラクターに任命され、以降も米国ロサンゼルスのクラヴマガ・ワールドワイド総本部を本拠地に、世界各地でクラヴマガの指導、修行に励みました。

　その年の10月、松元は日本に帰国。クラヴマガ・ジャパンを設立し、日本におけるクラヴマガの普及活動を開始しました。2003年10月にはクラヴマガ・ワールドワイドと提携。2004年3月には東京・市ヶ谷に日本初のクラヴマガ専用のトレー

ニング施設、クラヴマガ・ジャパン市ヶ谷トレーニングセンターをオープン。その後、我が国におけるクラヴマガ指導者の育成に従事しつつ、一般人向けクラス指導やセミナーなどを数多く手がけました。

　松元の名前は広く知られるようになり、2009年にはフジテレビ月9ドラマ『東京DOGS』をはじめ、テレビや映画などのアクションも数多く監修しています。スタジオを運営するかたわら、生活の半分は海外に拠点をおき、CIA、シークレットサービス、ロサンゼルス市警（LAPD）、特殊部隊SIS、ロサンゼルス郡警察（LASD）、FBI特別捜査官、SP、米軍特殊部隊など、世界各国で数多くの特殊部隊、警察、軍、政府機関、民間の警備会社への指導を行なってきました。

　2018年1月、その早過ぎる逝去に至るまで、松元は世界各国で指導や指導者育成に励み、クラヴマガの普及活動を通じて、世界平和の理念のもと精進を続けました。

「世界、そして日本の人々が、心身ともに自信を持って、どんな人にも、明るく、楽しく、優しくなれる毎日を送れるように──」

　クラヴマガに寄せる松元の想いは、クラヴマガに携わる一人一人に受け継がれています。

東京・市ヶ谷トレーニングセンターで指導する松元國士

KRAV MAGA

クラヴマガ・ジャパン　加入方法のご案内

　クラヴマガ・ジャパンでは、常時新規メンバーを募集しています。新規加入にご興味ある方は、各クラスの見学・体験もできます。またメンバー向けクラスのほかに、各テーマによるセミナーや講習会を年数回開催しています。

　加入方法や見学等の詳細については、クラヴマガ・ジャパンのウェブサイト（https://www.kravmaga.co.jp）をご覧ください。

　クラヴマガ・ジャパンでは、習熟度に応じてクラス分けが行なわれるレベル／ベルト制を採用しています（クラヴマガ・ワールドワイド公認の、世界で広く実績のある認定制度を採用しています）。

　各レベルごとに定められた期間と経験を満たすと、ベルトテストの受験資格が発生します。テストに合格すると、クラヴマガ・ワールドワイド公認の証明書を発行するとともに、1つ上のレベルのトレーニングを受講いただけるようになります。

クラヴマガ・ジャパン　本社【事務局】
　〒 102-0074　東京都千代田区九段南 4-6-13　ニュー九段マンション 501 号室
　Tel: 03-3263-4555 Fax: 03-3263-4777
　E-Mail: contact@kravmaga.co.jp

Training studio

（2019年現在）

〈市ヶ谷トレーニングセンター〉
東京都千代田区九段南 4-3-13 麹町秀永ビル B1F
〈青山スタジオ〉
東京都港区北青山 3-15-9 AOYAMA101 ビル B1F
〈大阪トレーニングセンター〉
大阪府大阪市中央区北久宝寺町 2-1-15 船場エースビル 2F
〈大阪 NAS スタジオ〉
大阪府大阪市西区九条南 1-12-33 フォレオ大阪ドームシティ 3F
〈名古屋スタジオ〉
愛知県名古屋市中村区椿町 8-3 丸一ビル 5F

Complete Krav Maga | **335**

【編者紹介】
クラヴマガ・ジャパン

クラヴマガの創始者イミ・リヒテンフェルドの遺訓を受けた、U.S. チーフインストラクターであるダレン・レバインに師事した松元國士が、2002 年に創立した日本法人。2003 年、クラヴマガ・ワールドワイドと提携。2004 年、東京・市ヶ谷に日本初のクラヴマガ専用のトレーニング施設、クラヴマガ・ジャパン市ヶ谷トレーニングセンターをオープン。現在国内に 5 カ所のトレーニング施設を持つ。会員は男女合わせて約 1,300 名以上が所属している。https://www.kravmaga.co.jp

【撮影協力】
藤原斉／川畑勇人／岡崎友普／中村康之／二階堂淳／岩崎光容／大塚則志（企画）

新版 クラヴマガ
世界が選んだ実戦護身術

発　　行	2019 年 7 月 25 日 初版第 1 刷発行

編　　者	クラヴマガ・ジャパン
発行者	須藤幸太郎
発行所	株式会社三交社

〒 110-0016
東京都台東区台東 4-20-9 大仙柴田ビル 2 階
TEL 03 （5826） 4424
FAX 03 （5826） 4425
URL: www.sanko-sha.com

本文デザイン・装幀	野村道子（bee'sknees-design）
撮影	田中研治
編集協力	飯野実成／小寺賢一
印刷・製本	シナノ書籍印刷株式会社

©2019　Krav Maga Japan co. Ltd.
ISBN978-4-8155-4020-3 C0075
乱丁本・落丁本はお取り替えいたします。
Printed in Japan.